Terapia Unificada
Para la TRANSFORMACION

Copyright   Ly Agostini

ISBN **978-1986874298**

Tandil – Buenos Aires – Argentina

Marzo 2018

INDICE

Presentación	05
Prologo	07
Definiciones	09

CAPITULO I

Tema 1	Empresa/Organigrama	11
Tema 2	Estado de la Empresa	14
Tema 3	Tercera generación	15

CAPITULO II

Tema 1	Protagonistas	17
Tema 2	Ser Millonario y próspero	19

CAPITULO III

Tema 1	Terapia Técnica	21
Tema 2	Protocolo empresarial/familiar	23
Tema 3	Diagnostico empresarial	25
Tema 4	Análisis FODA	31
Tema 5	Horarios de trabajo	35
Tema 6	Informes - reportajes	37

CAPITULO IV

Tema 1	Terapia individual	51
Tema 2	Mandatos familiares	53
Tema 3	Espejo	58
Tema 4	Niveles de conciencia	60
Tema 5	Equilibrio	63

CAPITULO V

Tema 1	Comienzo de la terapia	67
Tema 2	Apoyo externo	71
Tema 3	Desarrollo terapéutico	73
Tema 4	Porque – Para que	77
Tema 5	Desequilibrios mayores	79

CAPITULO VI

Mi historia profesional/empresaria 81

AGRADECIMIENTO 89
CURRICULUM ACADEMICO 91
REGALO 93
FUTURAS PUBLICACIONES 95

PRESENTACION

Hola estimado lector, YO EL LIBRO, hare mi propia descripción para que me conozcas antes de leerme Nací para ayudar a las empresas/pymes, afectadas por mandatos familiares frenadores/nocivos, mi escritora Ly Agostini decidió volcar toda tu experiencia en este tema dentro de mis páginas, después de haber vivido circunstancias que le han dejado experiencias de vida personal/empresarial positivas/negativas. Les cuento que esta obra surge de una investigación realizada después de haber perdido todo por lo que había trabajado en su vida, desde su condición de resiliente, utilizo la sabiduría que le dejaron los acontecimientos, plasmándola en esta obra para apalancar a empresarios que luchan por levantar sus empresas
ASI NACI YO – **EMPRESAS BAJO MANDATOS FAMILIARES** – Terapia Unificada para la transformación.
En mis páginas encontraras:
6 CAPITULOS con varios **TEMAS** en cada uno
 * Definiciones de términos, son los desarrollados dentro de los temas tratados
* Formaciones de diferentes tipos de empresas para que te puedas identificar dentro de ellas
* Desarrollo de la empresa desde el socio fundador, como pilar fundamental y los pilares secundarios, que son los herederos
* Buscando mandatos familiares frenadores
* Niveles de conciencia
* Equilibrio
* Análisis FODA, Protocolo empresarial, detalle de cómo realizarlos
* Puntos estratégicos que hay que tomar en cuenta para lograr el despegue en el mercado
* MISION – VISION Y VALORES, este desarrollo será el que tienen que poner en práctica el grupo completo
*Como incorporar un nuevo descendiente
*Terapias personales y grupales, porque no puede existir una empresa, sin las personas que la integran y si estas no están en equilibrio se transmite directamente en el producto final que es la prosperidad en todos los órdenes
*En mis capítulos tendrán terapias individuales, toma y nivel de conciencia, reemplazo de mandatos familiares negativos por positivos

Esta terapia es la preparación para la conformación de un grupo nuevo, renovado, equilibrado, que vayan en la misma dirección con un mismo objetivo
*Artículos de investigaciones de empresas en el mercado
*Un reportaje a una empresa familiar prospera, con detalles que te servirán para mira hacia dentro de tu grupo
*Ya en mis paginas finales encontraras un desarrollo de como se hace una terapia completa para que tomes como parámetro a la hora de decidir seguir adelante

¿QUE VAMOS A TRATAR?

Vamos a hablar mucho en este libro de la persona en sí, del ser humano en su totalidad, de los socios herederos y también de su fundador, porque no existiría pyme o empresa, si no es por quienes la componen. En realidad el bienestar de una pyme/empresa es directamente proporcional al bienestar de sus integrantes y también del personal que la compone. Entiéndase por bienestar en todos los órdenes, físico, mental, neuro-psiquico, el resto viene por añadidura

Muchos de quienes estén leyendo, seguro son Resilientes. Yo le he sido, me he levantado, en mi caso fue darme cuenta que yo no quería seguir en lo que hacía y Salí fortalecida para estar aquí escribiéndoles a Uds. que necesitan ese golpe de energía adicional

Hay que sacar del medio ese agente perturbador ¿cómo se logra? lo veremos más adelante en la terapia propiamente dicha

Les dejare los pasos para que puedan reorganizarse

Encontraran varios tips para que los pongan en práctica, debo advertirles que están en las freses y consejos de todo el libro, no hay un título que los descubra, les recomiendo tomar nota de pequeñas frases que les sorprendan para ponerlas en práctica.

Es un material de consulta permanente durante la reorganización, ya que encontraras las técnicas para hacerlo

Tiempo, voluntad y práctica individual

Amor a la familia y respeto

Estos ingredientes son los mejores aliados para descubrir las falencias ocultas en el grupo

Gracias por tenerme en tus manos, les aseguro que este material les cambiara la vida en todos los ámbitos.

Solo depende de Uds. el aceptar este cambio, salir de la zona de confort que los ha llevado la rutina y poner en marcha vuestra VIDA entera, porque el bienestar personal es directamente proporcional al bienestar económico/financiero

PROLOGO

Este libro pretende ayudar a quienes estén pasando por situaciones difíciles, porque volcare no solo mi experiencia como empresaria sino también como terapeuta
Esto es algo que me hubiese servido y mucho en el tiempo donde solo veía paredes delante mío y piedras que sortear y eso es algo que también desgaste el cuerpo y la mente, llevando a un stress, dejando entrar todo tipo de enfermedades y dejar
pasar todas las oportunidades dado que no estamos en condiciones de verlas
Aquí no solo encontraras la parte técnica para el mercadeo, sino también una terapia individual a cada integrante para que ordenen su interior y así cambiar su realidad exterior
La idea es conformar un grupo nuevo, renovado, para salir y arrasar el mercado, potenciándose mutuamente
Uniendo los 2 puntos, empresas familiares y mi amplio conocimiento en terapias, me di cuenta que es el camino para un cambio profundo en los grupos de herederos (socios forzados), dado que en muchos casos, los herederos no se hubiesen elegido para hacer algo en conjunto, sino que lo hacen porque son parte del organigrama
Es posible que se pregunten, si el desarrollo está basado en una empresa con sede en Argentina, ¿yo en mi país lo puedo implementar?
Claro que si, porque los seres humanos y nuestros comportamientos, sea cual sea el idioma y el lugar es similar, las familias influyen en más o menos escala pero de la misma forma y en cuanto al desarrollo técnico de la empresa, no se olviden que hoy con internet tenemos la unión mundial de nuestras acciones de mercadeo y contactos empresariales, por este motivo este libro no solo llega a los países de habla hispana sino que también al resto de los países del mundo
Espero que a medida que vayan leyendo en algún punto puedan sentirse identificados y encontrar la mejor salida para todos
Un fraternal abrazo y nos encontramos entre las paginas
BE -   THINK - DO
SER - PENSAR - HACER

DEFINCIONES

PYME FAMILIAR
Pyme es el acrónimo de pequeña y mediana empresa. Se trata de la empresa mercantil, industrial o de otro tipo que tiene un número reducido de trabajadores

La pyme es la base hacia una gran empresa

Así, en el contexto profesional se define empresa familiar como aquella cuyo patrimonio y gobierno está ejercido por los miembros de una o varias familias y su objetivo estratégico comprende la continuidad de la empresa a manos de la siguiente generación familiar

EMPRESA FAMILIAR
A partir de la pyme, incremento en los activos, incremento del personal, formación de diferentes sectores estratégicos, presentación en el mercado a gran escala, así pasa a ser Una Empresa en crecimiento

EQUILIBRIO
El equilibrio en un ser humano se da cuando Piensa, Siente y Actúa

MANDATO FAMILIAR NEGATIVO
Son conductas reiteradas de nuestros padres, sustitutos y familiares que hemos grabado desde la infancia, aun desde el vientre materno, en nuestro niño interno y que tendemos a repetir en forma automática y que muchas veces se oponen a nuestro verdadero deseo del alma y no nos dejan avanzar como quisiéramos

Profesiones elegidas para seguir la empresa familiar, o porque los padres desearon un/una profesional universitario/a. O bien muchos han realizado las carreras les han dejado el diploma a sus padres y siguieron en la vida lo que le dictaba el alma

También están las personas que vienen a sanar el árbol genealógico y por este motivo eligen carreras acordes a esa sanidad.

RESILIENCIA
Capacidad de adaptación de un ser vivo, frente a un agente perturbador

EL EGO
El ego nace del miedo, es una expresión de amor pero negativa, si nos domina es porque está trabajando en nosotros desde los mandatos familiares y los miedos, esto está sustentado por

nuestras creencias de como vemos la vida. De todos estos conceptos hay millones de descripciones con grandes autores que podrás consultar por internet, por este motivo solo dejare la explicación básica dado que lo que nos ocupa hoy es Como acomodarnos para salvar nuestra Pyme

MARKETING

Es un concepto inglés, traducido al castellano significa mercadeo o mercadotecnia

El mismo ha sido inventado para satisfacer las necesidades del mercado a cambio de beneficios para las empresas en su desarrollo. Es una potente herramienta, necesaria para conseguir el éxito y relevancia de las empresas en el mercado (rubro) donde este establecida

PROTOCOLO FAMILIAR

El protocolo familiar es un acuerdo de voluntades consensuado y unánime, desarrollado entre los miembros de una familia y la empresa familiar

QUE ES LA MATRIZ FODA-DAFO?

La sigla **FODA** también llamada **DAFO**, es un acróstico de **Fortalezas** (factores críticos positivos con los que se cuenta), **Oportunidades**, (aspectos positivos que podemos aprovechar utilizando nuestras fortalezas), **Debilidades**, (factores críticos negativos que se deben eliminar o reducir) y **Amenazas**, (aspectos negativos externos que podrían obstaculizar el logro de nuestros objetivos).

Efecto Hawthorne

Es una forma de reactividad psicológica por la que los sujetos de un experimento muestran una modificación en algún aspecto de su conducta como consecuencia del hecho de saber que están siendo estudiados, y no en respuesta a ningún tipo de manipulación ni órdenes.

CAPITULO I

TEMA 1
ORGANIGRAMA EMPRESAS bajo mandato familiar

Vamos a ver el organigrama de empresa para después entrar en los mandatos de cada integrante de la pyme

1* GERENCIA GRAL
Fundador

En esta derivación están las áreas específicas de la empresa (pyme)
Sea cual fuese el organigrama, siempre todo parte de la Gerencia General, porque desde allí es donde se maneja todo
Toda empresa tiene un organigrama, en el caso de las Empresas familiares la gerencia es desempeñada por el o los fundadores, que pasan a ser el pilar fundamental de la misma

Citemos 3 casos

*1 Cuando ese pilar desaparece (por fallecimiento o enfermedad del fundador), queda los otros pilares que son los hijos/as o los maridos de las hijas representándolas en el lugar que le corresponde por herencia
*2 Cuando el pilar principal está activo y lo que falla es el resto del sostén, las columnas secundarias
*3 Cuando los pilares de toda la pyme están desgastados y no logran el equilibrio
La parte positiva que tiene la pyme es la que vamos a tomar como base para fortalecer el resto, por eso en este esquema no la nombramos, dado que el tema que nos ocupa es el modificar para fortalecer la estructura

CASO 1

Ahora bien, supongamos un edificio donde la columna de sostén mayor está situada en centro (dueño-fundador), al desaparecer el eje central, el peso queda soportado solo por los extremos (cada heredero), todos los que trabajan en la empresa, aunque también puede haber herederos externos, que también influyen en el organigrama, pero no aportan nada

La desaparición del sostén mayor (fundador) hace que los el conjunto quede con un sobrepeso adicional al que están acostumbrados, esto hace que (metafóricamente hablando) vayan cuartando las columnas y bases, en las que queda apoyada la PYME. Si nunca se tomó en cuenta de ir fortaleciendo esos sectores, empiezan las problemáticas internas entre herederos, las que debilitan su presencia en el mercado porque cada sector queda fuera de equilibrio

Tal vez quedaron en el tiempo con la estructura, que solo quien la creo podía manejar y se adaptaron a ella creando una zona de confort nociva

Supongamos que todos siguieron los mandatos familiares y trabajan en la Pyme, este caso se presenta la caratula de socio forzado, porque no siempre uno elegiría a su hermano como socio, dado que siempre presentan diferencias en el modo de ser y de hacer las cosas

CASO 2

Si quien maneja la empresa (su fundador), sigue queriendo trabajar bajo una estructura arcaica y los pilares restantes no están de acuerdo, o bien si lo están y permanecen en la zona de confort, sin capacitarse con las ultimas tendencias y ver más allá, para demostrarle a su fundador que hay que hacer un cambio profundo, empieza a haber una fricción y se producen los desfasajes en la producción y comercialización, justamente por no poder complementarse. La gerencia seguirá operando de la misma forma y llega el momento que todo se derrumba

CASO 3

Este caso aunque parezca el peor de todos es el más sencillo de solucionar, dado que todos están bajo stress y queriendo encontrar la salida, en este caso hay pre disponibilidad del grupo para encontrar la forma de reordenar la empresa, y aunque no lo vean es el punto donde todos están de acuerdo, la frase seria BASTA O HACEMOS ALGO O CERRAMOS

*Hay algo que sucede a los dueños, cuando se cierra la puerta de la oficina, el pensamiento no abandona las problemáticas, o sea que ha salido físicamente, pero mentalmente todo está ahí dando vueltas, cosa que no le sucede a los empleados, una vez que terminaron su horario de trabajo, pasan a otra cosa

Cuando la pyme está en equilibrio, funciona aun sin estar su dueño, eso es lo que hay que lograr, respetarse a sí mismos trabajando lo necesario y organizando para que todo funcione sin la supervisión continua de su/sus dueños. Es allí cuando la empresa comienza a transformarse en una empresa con grandes perspectivas hacia el futuro.

TEMA 2
ESTADO DE LA EMPRESA

Me refiero a estado de la empresa, cuando vemos en qué fase esta, en este caso tenemos tres (3)

1* Empresas familiares en nacimiento
2* Empresas familiares ya formadas con los herederos trabajando
3* Empresas familiares que están desapareciendo en el mercado o están a punto de la quiebra.

Vamos a dar las características de cada uno para aclarar algunos puntos muy útiles

1* Son las empresas ya emprendidas por un familiar y decide incorporar a la nueva generación a su organigrama, o bien un proyecto de empresa que está naciendo

Hay varios tipos de sociedades con familiares

   a) El padre que quiere incorporar a sus hijos pensando que será su mejor futuro, desde donde se los puede apoyar
   b) Un individuo que decide incorporar a sus hermanos para tener el apoyo necesario bajo confianza familiar
   c) Alguien que decide asociarse con sus primos y/o sobrinos también aquí influye la confianza familiar

2* En estas empresas es donde hay que emplear la terapia intensiva dado que son los que tienen futuros problemas, por comenzar haciéndolas cosas desde el sentimiento y no desde lo empresarial

3* Empresas que están vías de extinción, pero que hay herederos que desean continuarla, dado el beneficio de tener una presencia previa en el mercado. En este caso es como comenzar de nuevo, actualizando todo y poner nuevas metas, cada individuo pero fundamentalmente que se extiendan al grupo

TEMA 3
LA TERCERA GENERACION

La nueva generación que quiera ser parte de la pyme familiar, aparte de tener el titulo adecuado o bien sin título pero con ganas de hacer, ellos también tienen que tomar conciencia de los límites de la pyme, del horario de trabajo, de las capacitaciones permanentes.

Esta generación si quiere ser parte, aporta nueva energía, renueva la empresa y será beneficioso en su crecimiento, la unión familiar tiene mucho que ver en este aspecto

Uno quiere lo mejor para sus hijos, pero no siempre lo que uno quiere que hagan es lo mejor para ellos. Lo mejor para cada individuo que se deje llevar por su pasión y así logrará el equilibrio, por consiguiente el nuevo heredero si le interesa pertenecer es porque sabe que quiere desarrollarse dentro

Es posible que los nietos del fundador, no les interese seguir con la empresa, también se da el caso que eligen carreras muy diferentes al rubro de la empresa familiar, o bien nietos que sus padres no pertenecen a la empresa, pero si ellos deciden ocupar una lugar, posiblemente serán ellos los herederos que la continuaran

COMO INCORPORAR LA NUEVA GENERACION

Cuando llega el momento de decidir que hace un/una joven cuando sale de su escuela secundaria, terciaria o universidad, sus progenitores quieren que sea prospero, que tenga las menos piedras posibles en su camino y allí es donde quieren llevarlos a lo que a ellos les parece lo mejor…

Quienes se están lanzando a la vida profesional tienen que ver por si mismos que es lo que sienten hacer

La familia con una empresa constituida, tratara de llevarlo a que sea parte de la misma, porque piensan "donde estarás mejor que conduciendo tu propia empresa.

Si ese/esa joven siente que quiere pertenecer a la empresa familiar, tomara la decisión, pero es ahí es donde se deben poner pautas, aunque tenga un título TIENE QUE empezar desde lo más bajo para que vaya aprendiendo todos los sectores de la empresa

Eso le dará más confianza y seguridad a medida que pase el tiempo y este apto para tomar su lugar en el sector gerencial

Este proceso es fundamental para su crecimiento, con la ventaja que el mismo personal lo/la respetara cuando tenga que dar órdenes, dado que él/ella conoce no solo ese sector sino que a medida que pase el tiempo ira subiendo la escalera al liderazgo y desde allí podrá saber cada particularidad de cada sector, porque lo vivió, lo aprendió, estuvo en contacto directo

Suele suceder en pymes, que los herederos son los que están en todos los sectores, apuntalándolo o realizando tareas para cubrir la ausencia de personal por periodos hasta solucionar ese problema, porque eso hace que se reduzcan costos y no haya problemas en la producción, pero si el nuevo integrante no toma contacto desde abajo del funcionamiento de la pyme/empresa, no sabrá dar las órdenes precisas ante cualquier inconveniente

En el momento de darle el alta en la empresa debe conocer

Los lineamientos protocolo empresarial que sus progenitores, como socios herederos ya dentro de la empresa, deberán tener desarrollado y activo

Más adelante veremos cómo realizar el PROTOCOLO EMPRESARIAL.

Ejemplo

Yo cuando comencé en la empresa de mi padre, tenía 16 años, había terminado el ciclo básico y el superior o terciario era nocturno, dado que los profesionales en ingeniería durante el día no dictaban clases.

Pensando que haría en el día quise ganar mi dinero y comencé a trabajar, me pusieron a pasar facturas a un libro, era el trabajo más rutinario que había, pero yo había empezado mis primeros pasos

A partir de allí incluso antes de recibirme ya estaba midiendo obras y dibujando planos técnicos, sobre un tablero con las rhotring o pilot (eran las lapiceras de diferentes puntas que se usaban para trazar las líneas sobre un papel de plano transparente y una tela engomada)

A partir de allí desempeñe todos los trabajos en todos los sectores y cubrí más de una vez al personal en sus ausencias

Mi hermano, también empezó a los 16, en el taller y hombreando caños en la obra, el también paso por todos los trabajos menos los de oficina, él se terminó encargando de dirigir las obras y al personal

CAPITULO II

TEMA 1
PROTAGONISTAS

Hay muchas variables en cuantos a los protagonistas que forman las empresas, citemos algunas

* **1** Hermanos y/o primos, que han estado en la empresa siempre y quieren seguir haciéndola crecer, flexibles para la interpretación de acontecimientos
* **2** Hermanos y/o primos que trabajan desde siempre y se ponen de acuerdo pero les falta la guía
* **3** Hermanos y/o primos que trabajan desde siempre pero no se ponen de acuerdo, no logran unificar sus diferencias
* **4** Hermanos y/o primos que no todos trabajan pero son herederos en partes iguales y no se ponen de acuerdo
* **5** Hermanos y/o primos que trabajan en la empresa pero no todos cumplen con sus obligaciones.
* **6** Hermanos y/o primos, que son socios accionistas, pero también inciden en su voto sin saber la interna de la empresa
* **7** Este caso es particular, porque es donde todavía están activos los fundadores, llamase hermanos, matrimonio, o unipersonal

Con su descendencia dentro de la empresa, si los mismos son abiertos y dejan actuar a la nueva generación, valorando el aporte de nuevas estrategias, esto es un soporte invaluable, pero están los casos de personas muy egocéntricas que no dejan el mando y no acceden a dar libertad de acción, aquí la decisión de cada heredero es muy particular de seguir o dejar, porque cada uno tiene que recibir los golpes de las consecuencias de sus actos. Es duro pensar así y sentir que abandonas el barco, pero ese barco ya tiene capitán y asume sus responsabilidades. Lo más sano seria que cada uno siguiera su camino en equilibrio bajo su propia responsabilidad. En caso que todos quieran seguir adelante en este estereotipo de empresas, se buscaran los medios necesarios para lograr el objetivo y alcanzar el éxito

*Cualquiera de estas variables, al ser familia las cosas no se realizan legalmente como debería ser, se actúa por sentimientos

En los negocios hay que dejar el sentimiento familiar de lado, no se deja de querer, sino que se antepone con firmeza la labor empresarial

Realizar sociedades (SRL-S.A. etc.) y a la vez realizar el PROTOCOLO FAMILIAR, si es posible bajo legalización de firmas

Las cosas que se dicen sin un fundamento y con desorganización, son la futuras causales de problemas en la empresa

Los acuerdo realizados y no plasmados en papel legal, son los que desaparecen o tienen distintas interpretaciones en el momento que se origina una desconexión entre los socios

Lo que hemos leído hasta ahora son los desarrollos para entrar en tema y organizar la terapia propiamente dicha

Tema 2
SER MILLONARIO Y PROPERO

¿Alguna vez se preguntaron qué es ser millonario y a su vez próspero?

¿Tienen buena relación con el dinero?

¿El dinero así como entra se diluye y no saben dónde está?

En la mayoría de los casos en las empresas familiares sucede, que entra dinero, pero es destinado a seguir en producción o a seguir en movimiento, sucede a menudo que el retiro de los socios es lo último en contemplar y eso está obrando en contra de la pre-disponibilidad de cada socio en seguir adelante

Esto puede cambiar solamente si los socios toman conciencia que no son millonarios porque Uds. mismos son los que no están en control de serlo mentalmente

Para ser millonario hay que tener mente de millonario

Pensemos en frases que hemos escuchado de nuestra familia

*Ese tipo, mira que auto tiene, seguro no anda por buen camino

*Tener mucho dinero atrae personas y parejas por interés

*Teniendo dinero te arriesgas a que te rapten a vos o a tu flia

Y así muchas frases frenadoras que hemos escuchado y no nos hemos dado cuenta que formaron una separación entre el dinero y nosotros

Ser abundante y próspero es tener riqueza en sabiduría, salud, dinero, amigos, familia, amor.

Para lograr esto tenemos que trabajar mucho con nosotros mismos, por ejemplo con EL EGO

El EGO, es bueno en su justa medida, no tenerlo es no saber lo que somos y hasta donde podemos llegar, tenerlo en demasía transformarse en egocéntrico, es solo centrarse en sí mismo y tampoco te lleva por buen camino

El EGO, es la diferencia entre los seres humanos y los animales el yo – yo soy, como parte del ser, es el equilibrio que nos acompaña a llegar a nuestras metas con el éxito esperado y mucho mas

Ser una persona que emite energía vital, es lo que hace que tu entorno cambie para mejorar todo el entorno

Algo muy importante es ver si en verdad los hermanos o primos que pertenecen al clan familiar y son socios activos en la empresa, quieren pertenecer, si son compatibles en sus formas o si no lo son, cuantos están dispuestos a tener un cambio, cuantos su SER les grita que es otro el camino

Todo esto se irá dando a medida que al menos un integrante de la sociedad plantee ese cambio en todos

En realidad la empresa puede que se transforme en la proveedora del dinero, pero ¿tendrán también calidad de vida?, los factores influyentes no solo son externos sino también internos y son a los que hay que prestarle atención

Los dejo con el próximo capítulo, tómenlo como consulta para desarrollar los temas dentro de la empresa

¡¡¡Suerte!!!

CAPITULO III

TEMA 1
TERAPIA TECNICA
PERSPECTIVA EMPRESARIAL

La **MISION VISION Y VALORES**, en una pyme con miras a ser una gran empresa, son su ADN o entidad corporativa lo que le da autenticidad y originalidad como marca o nombre empresarial

MISION

Es la razón fundamental de la pyme y el objetivo que tiene siempre a largo plazo

Define cual es nuestra actividad en el mercado, a que publico va dirigido nuestro producto

Y debe estar en total consonancia con la visión de futuro que se quiere alcanzar

Como ayuda para saber cuál es la misión les dejo algunas preguntas

¿A que nos dedicamos?
¿Cuál es nuestra razón de ser?
¿Quién es nuestro público objetivo?
¿Cuál es nuestro ámbito geográfico de acción?
¿Cuál es nuestra ventaja competitiva?
¿Para qué mi empresa está en el mercado?
¿Que nos diferencia de nuestros competidores?

VISION

Define las metas que queremos conseguir a largo plazo

Tienen que ser realistas, alcanzables dado que la propuesta de Visión tiene un carácter inspirador y motivador

Como ayuda para saber cuál es la misión les dejo algunas preguntas

Que quiero lograr?
Como quiero presentarme ante el mundo?
Donde quiero estar en el futuro?
Para quien lo hare
Quiero ampliar mi zona de actuación?

VALORES

Los valores son principios éticos sobre los que se asienta la cultura de nuestra empresa, y nos permiten crear nuestras pautas de comportamiento

Son la personalidad de nuestra empresa, no parte de los deseos de quienes la forman, sino que tienen que plasmar una realidad
Como ayuda para saber cuál es la misión les dejo algunas preguntas
Como somos?
En que creemos
Claridad y transparencia en lo que ofrecemos

EJEMPLO

En mi caso

Es mi **Misión**, volcar toda mi experiencia, acompañando a empresarios que están liderando pymes/empresas bajo mandatos familiares nocivos/frenadores y que hoy no pueden organizarse para seguir en el mercado. Aplicando la terapia individual/grupal, rearmar la base para lograr la toma de conciencia, tratar los miedos y que logren sus objetivos

Es mi **Visión**, lanzar al éxito con mi trabajo profesional a las pymes y que se vayan transformando en grandes empresas en el mercado. Ser la profesional referente de habla hispana para los empresarios y pymes con problemáticas y se apalanquen en mi sistema para fortalecerse y lograr el equilibrio personal/empresarial que los llevara a cumplir todos sus sueños

Si puedes visualizarlo, puedes convertirlo en realidad

TEMA 2
PROTOCOLO EMPRESARIAL/FAMILIAR

Una de las herramientas importantes para que los engranajes de la empresa funcionen y evitar futuras problemáticas es realizar el PROTOCOLO EMPRESARIAL/FAMILIAR, a continuación tendrán los puntos específicos que tienen que tratar y armar todo el grupo de socios, estando de acuerdo al 100%

PREAMBULO
*Detalle del fundador, casado, fecha de inicio, si sigue liderando la empresa, o bien quien ha quedado como administrador de sucesión
*Finalidad del documento, para que lo están redactando
*La normativa que tendrá
*Objetivo de los firmantes
Y todos los datos que consideren apropiados

NORMAS DE ACTUACION
*Ámbito de aplicación: A que obligaciones quedan sujetos,
*Declarar que conocen esas obligaciones
*Dar a conocer a los descendientes que quieran ser parte, las obligaciones y el desarrollo del presente
*Acuerdos internos
*Bienes y derechos sobre el patrimonio de la empresa

CULTURA Y TRADICIONES
*De la familia con respecto a la empresa
*Diálogos, debates, análisis
*Enseñanza de padres a hijos que se vayan incorporando

UNIDAD Y CONCENSO
*Como realizaran los debates internos y las diferencias

PROFESIONALIDAD Y SOLIDARIDAD
*Tomar los temas internos poniéndola en práctica

LIDERAZGO Y TRANSPARENCIA
*Quien será el líder, como aplicara su liderazgo, comportamiento del grupo

CONSEJO DE FAMILIA
*Dejar escrito quienes participan en el consejo de familia, si hay herederos externos
*Requisitos para ser miembro
*Quienes de la familia deciden permanecer fuera de este esquema
*funciones especificas
*Detalle de presidente, secretario

*votaciones y adopción de acuerdos
*Representación y ejecución de acuerdos
CONDICIONES DE ACCESO y TRABAJO
*Condiciones que debe cumplir el familiar que decida entrar
*Qué tiempo le darán trabajando, para formar parte del clan empresario
*Que conocimientos tiene que tener
*Practicas, deberes éticos, retribución
ENAJENACIÓN DE PARTICIPACIONES
*Derecho de adquisición, que debe cumplir quien quiera comprar toda la empresa
*Derecho de porcentajes si se vende a un tercero
*Excepciones, si la hubiese
*Derecho de salida conjunta
GARANTIAS Y PRÉSTAMOS
*Avales, garantías y prestamos, que el grupo acceda o no y bajo qué condición, en caso que un integrante lo solicitase
DIRECTIVOS Y EMPLEADOS
*Respeto, expresar el trato del grupo entre si y del grupo hacia los empleados, fijar pautas
*Formación contínua de gerentes y empleados, como la desarrollaran
*Ambiente laboral, puestos ocupados por personas idóneas, como se lograra la unión del grupo de empleados

Lo desarrollado en este protocolo es una orientación para que puedan tomarlo en cuenta y formar el de vuestra empresa

Muchos puntos parecen muy estrictos y difíciles de aplicar, pero son los que a posteriori salvaran situaciones escabrosas que se presenten

Tengan en cuenta que después de un tiempo trabajando, este documento permanecerá guardado y no volverán a tener relación con ÉL hasta que se origine un hecho de consulta

Hacerlo y ponerlo en práctica es la mejor opción

TEMA 3
DIAGNOSTICO EMPRESARIAL

Si tienes este libro en tus manos, quiere decir que estas necesitando más material. Te regalo un desarrollo en Excel "DIAGNOSTICO EMPRESARIAL", donde podrán ver por puntaje las variables. Mándame un mail solicitándolo y con gusto te lo envío   terapias@lyagostini.com

Aquí les adelanto un desarrollo de los temas del Diagnostico

Servicio al cliente

* MI empresa comprueba y mide todo para garantizar la satisfacción del consumidor
* Encuestamos regularmente a nuestros clientes para mejorar el servicio
* Analizamos nuestros errores como empresa e individuos y aprendemos de ellos
* Luchamos por la excelencia
* Creemos que servir al cliente es tan importante o más que cerrar la venta
* Elegimos a los clientes que se ajustan a nuestra forma de hacer negocios
* Conocemos muy bien las necesidades de nuestros clientes y nuestra empresa se basa en ellas
* Nuestra dirección y personal puede cambiar rápidamente para servir nuevas necesidades del cliente
* Dejaría o pospondría una venta para cumplir con la agenda de servicio de mi cliente
* Nuestra empresa consistentemente promete menos y entrega más de lo prometido

Ventas

* Lo procesos de ventas son medidos semanalmente y se ajustan para cumplir objetivos
* Mi fuerza de ventas es muy diligente y regularmente recibe formación sobre ventas y el producto
* Mi fuerza de ventas trabaja como un equipo en vez de como un grupo de individuos
* La fuerza de ventas está provista de materiales de punto de venta de calidad

* Un programa de incentivos de ventas existe y funciona
* La gente de producción apoya a la de ventas y hace todo lo posible por ellos
* Nuestro volumen de ventas crece constantemente

* No hay prácticamente animosidad o enfrentamiento entre producción y ventas
* El equipo de ventas realiza proyecciones de ventas regularmente y se hace responsable de ellas
* Estoy completamente satisfecho con mi cuota de mercado

Marketing

* La empresa ha encontrado un nicho para su producto y ya no compite en precio
* Todo el mundo es consciente del valor de por vida del cliente y como aumenta constantemente
* Hacemos seguimiento del número de contactos, ratios de conversión y transacciones continuamente
* Solo utilizamos publicidad que podemos medir. No utilizamos publicidad aleatoriamente
* Constantemente educamos a nuestros clientes en los beneficios de nuestros productos
* Todos los miembros de nuestro equipo entienden nuestra propuesta única de venta
* Cada miembro de nuestro equipo es un anuncio en movimiento de nuestra empresa
* Tenemos una agencia para la parte creativa de nuestros anuncios
* Siempre educamos en el valor y nunca en precio
* Encuestamos a la gente que no nos compra para mejorar nuestros productos

Equipo/Empleados

* Cada miembro del equipo está operando a pleno potencial
* La empresa proporciona formación continuada
* Hay sinergias y coordinación entre todos los miembros del equipo
* Se escucha a la gente y se les anima a dar su opinión y dar recomendaciones
* El equipo se mantiene siempre positivo y no permite entrar en dinámicas negativas
* Mi equipo ve el cambio como algo positivo y acepta los desafíos
* Mi equipo acepta responsabilidades y no fabrica excusas
* Sistemas de reporte en marcha y que se cumplen
* Las fechas límites se toman seriamente y los responsables de equipo las hacen cumplir
* Cada miembro del equipo disfruta de su trabajo

Plan Estratégico

* La empresa tiene un plan de negocios escrito con los objetivos estratégicos definidos
* El plan de negocios se usa, revisa y mide cada trimestre
* Sesiones regulares de planificación se mantienen con la dirección y el staff
* La empresa controla el pulso del mercado permanentemente
* La empresa se está moviendo en una dirección clara y cada decisión estratégica apoya esa dirección
* La empresa tiene flujo de caja suficiente para cumplir esos objetivos
* La empresa conoce muy bien a su competencia, y sus prácticas
* Ningún área de la empresa depende de un único proveedor
* La empresa tiene los aliados adecuados para su soporte (asesores fiscales, bancos, etc)
* La empresa está yendo en su mayor parte en la dirección planeada desde el principio

Finanzas

* La empresa tiene un presupuesto anual escrito que es la referencia
* Los procesos presupuestarios están claramente definidos y aceptados
* Los estados financieros se realizan como mínimo mensualmente
* El departamento de contabilidad cuenta con personal suficiente y funciona correctamente
* Los pagos de préstamos están al día y conforme al plan
* Las facturas de los proveedores se pagan regularmente y a tiempo
* Los inventarios se revisan para reducirlos al máximo y reducir costes
* Se negocian condiciones de pago con todos los proveedores incluyendo descuento por pronto pago
* Los presupuestos se hacen desde una perspectiva optimista
* El presupuesto se hace de manera previa y pocas veces se rehace

Productividad

* Las operaciones están, en su mayor parte, informatizadas
* Existen personas designadas responsables de las operaciones diarias
* El personal realiza un trabajo completo, no hay que rehacer cosas o bajar estándares
* La comunicación entre el personal es buena, y no hay reduplicación de funciones

* La empresa se centra en calidad y beneficios, ambos términos se miden regularmente
* Cada reunión cumple un objetivo
* Las tareas individuales del personal se clasifican por urgencia e importancia
* Las reuniones del personal se planifican con antelación, no son espontáneas
* El personal tiene la oportunidad de comunicar abiertamente problemas con la producción
* El personal tiene el entorno, equipo y formación para doblar su productividad

Rentabilidad

* Los márgenes de rentabilidad han aumentado en los últimos tres años
* Los benéficos aumentarán este año no menos del 10%
* Las deudas como porcentaje del beneficio bruto disminuyo respecto al año pasado
* El ratio de deuda total a equity ha disminuido a lo largo del año pasado
* Los niveles de punto de equilibrio son relativamente bajos
* Las responsabilidades individuales para alcanzar los objetivos financieros están claramente definidas
* La empresa es uno de los líderes en el mercado
* Nuestras políticas de precios no dependen de los líderes del mercado
* El personal y las infraestructuras están utilizando al menos el 80% de su potencial
* La rentabilidad es mayor que la de la media del mercado y no es una preocupación principal

Liderazgo

* Tengo una clara visión de hacia dónde está yendo la empresa y la he puesto por escrito
* La cultura de la empresa es definida, cooperativa y piensa en el futuro
* Tenemos una clara misión definida
* La empresa proporciona incentivos sociales al personal
* Tengo un plan de contingencia preparado para el tema del personal
* Mi personal trata su puesto como una carrera y no como una recompensa financiera a corto plazo
* Animo a mi equipo a poner objetivos personales y de carrera profesional
* Las decisiones evitan ser puramente jerárquicas en la medida de lo posible

* Continuamente hago saber a mi equipo cuando estoy orgulloso de su trabajo
* Ideas de mejora generadas por el equipo se incorporan regularmente

Equilibrio personal
* Trabajo menos de 50 horas a la semana
* Tengo más tiempo del que necesito para terminar las cosas
* Tengo un asistente que se ocupa de los detalles y me permite centrarme en lo principal
* Hago ejercicio regularmente y paso tiempo con la gente que aprecio
* Guardo fondos regularmente que me permiten tener independencia financiera
* Tengo al menos 10 hábitos diarios que garantizan calidad de vida
* Estoy orgulloso de mi mismo como persona y empresario
* Mis días están bien planeados
* Intento compartir mis sentimientos antes de que sean fuente de estrés
* Estoy contento con la cantidad de dinero que género en mi empresa

*Al iniciar el tema les propuse que solicitaran el archivo, (terapias@lyagostini.com), porque en Excel bajo formulas solo tienen que colocar un numero 1 en cada casillero para llegar al final a un porcentaje, el que les dará una visión más exacta, del estado en que esta hoy la empresa

Empiecen por ver las debilidades que menos riesgo le produzca a la empresa, son las más rápidas de solucionar y como todo esta entrelazado de tal forma que el resto de debilidades empieza a no tener tanto poder para desequilibrarla y pueden ir haciendo paso a paso cada una, dado que una va solucionando parte de la otra.

Porque todo está unido, es un conjunto es como una cadena, le cortas un eslabón y todo se cae, esto es muy bueno en caso de las cosas negativas pero también lo mismo pasa en lo positivo, por este motivo hay que afianzar muy bien las fortalezas

Este primer diagnóstico lo van a guardar con fecha, para volver a hacerlo en un plazo de 3 meses, plazo en el que ya estarán viendo los primeros resultados

Allí verán el cambio en los porcentajes

Ahora les dejo a continuación un Análisis (FODA), más profundo donde tendrán que tomarse el tiempo en grupo para desarrollarlo

Ya van avanzando la adecuación del sector técnico, sé que están conviviendo con las diferencias individuales, las que trataremos en los próximos capítulos

TEMA 4
ANALISIS FODA

Uno de los estudios que también se realiza bajo terapia empresarial es el análisis FODA, porque de ahí sacaremos la realidad actual y en qué condiciones está sobreviviendo **la empresa**

El principal objetivo de aplicar la **MATRIZ FODA** en una organización, es ofrecer un claro diagnóstico para poder tomar las decisiones estratégicas oportunas y mejorar en el futuro

Como ya describí en su significado **FODA**

Fortalezas – **O**portunidades **D**ebilidades – **A**menazas

Este estudio no solo se aplicara a la empresa sino que en forma individual a cada socio

No obstante, este análisis es más difícil aplicarlo en un ser humano ya que el nivel de aceptación en cuanto a aspectos negativo que se puedan tener de sí mismo, no serán bien determinados , por ello es necesario que otra persona cercana determine el estudio para poder obtener buenos y reales resultados .

Este análisis FODA personal va a permitir al individuo tomar las medidas correspondientes, tomar nuevos retos a futuro, crecer como persona, social, económico, y otro aspecto a mejorar o a perseverar.

El análisis se divide en dos (2) EXTERNO E INTERNO

ANÁLISIS EXTERNO
OPORTUNIDADES Y AMENAZAS

En el análisis externo de la empresa se identifican los factores externos claves para nuestra empresa, como por ejemplo los relacionados con: nuevas conductas de clientes, competencia, cambios del mercado, tecnología, economía, etcétera. Se debe tener un especial cuidado dado que son incontrolables por la empresa e influyen directamente en su desarrollo.

* **Oportunidades**: representan una ocasión de mejora de la empresa. Las oportunidades son factores positivos y con posibilidad de ser explotados por parte de la empresa. Para identificar las oportunidades podemos responder a preguntas como:

¿Existen nuevas tendencias de mercado relacionadas con nuestra empresa?,

¿Qué cambios tecnológicos, sociales, legales o políticos se presentan en nuestro mercado?

* **Amenazas**: pueden poner en peligro la supervivencia de la empresa o en menor medida afectar a nuestra cuota de mercado. Si identificamos una amenaza con suficiente antelación podremos evitarla o convertirla en oportunidad. Para identificar las amenazas de nuestra organización, podemos responder a preguntas como:

¿Qué obstáculos podemos encontrarnos?,

¿Existen problemas de financiación?,

¿Cuáles son las nuevas tendencias que siguen nuestros competidores?

ANÁLISIS INTERNO
FORTALEZAS Y DEBILIDADES

En el análisis interno de la empresa se identifican los factores internos claves para nuestra empresa, como por ejemplo los relacionados con: financiación, marketing, producción, organización, etc. En definitiva se trata de realizar una autoevaluación, dónde la **matriz** de **análisis FODA** trata de identificar los puntos fuertes y los puntos débiles de la empresa.

* **Fortalezas:** Son todas aquellas capacidades y recursos con los que cuenta la empresa para explotar oportunidades y conseguir construir ventajas competitivas. Para identificarlas podemos responder a preguntas como:

¿Qué ventajas tenemos respecto de la competencia?

¿En qué nos desempeñamos mejor?

¿Qué recursos de bajo costo tenemos disponibles?

¿Cuáles son nuestros puntos fuertes en producto, servicio, distribución o marca?

* **Debilidades**: Son aquellos puntos de los que la empresa carece, de los que se es inferior a la competencia o simplemente de aquellos en los que se puede mejorar. Para identificar las debilidades de la empresa podemos responder a preguntas como:

¿Qué perciben nuestros clientes como debilidades?

¿En qué podemos mejorar?

¿Qué evita que nos compren?

Ejemplos de MATRIZ FODA

Ejemplos de Fortalezas
* Buen ambiente laboral
* Proactividad en la gestión
* Conocimiento del mercado
* Recursos financieros
* Buena calidad del producto final
* Posibilidades de acceder a créditos
* Equipamiento de última generación
* Recursos humanos motivados y contentos
* Procesos técnicos y administrativos de calidad
* Características especiales del producto que se oferta
* Cualidades del servicio que se considera de alto nivel

Ejemplos de Debilidades
* Salarios bajos
* Equipamiento viejo
* Falta de capacitación
* Problemas con la calidad
* Reactividad en la gestión
* Mala situación financiera
* Incapacidad para ver errores
* Capital de trabajo mal utilizado
* Deficientes habilidades gerenciales
* Poca capacidad de acceso a créditos
* Falta de motivación de los recursos humanos
* Producto o servicio sin características diferenciadoras

Ejemplos de Oportunidades
* Regulación a favor
* Competencia débil
* Mercado mal atendido
* Necesidad del producto
* Inexistencia de competencia
* Tendencias favorables en el mercado
* Fuerte poder adquisitivo del segmento meta

Ejemplos de Amenazas
* Conflictos gremiales
* Regulación desfavorable
* Cambios en la legislación
* Competencia muy agresiva
* Aumento de precio de insumos

* Segmento del mercado contraído
* Tendencias desfavorables en el mercado
* Competencia consolidada en el mercado
* Inexistencia de competencia (no se sabe cómo reaccionará el mercado)

Una vez terminado el análisis **FODA**, estarán en condiciones de incrementar las **Fortalezas,** aprovechando los puntos fuertes para sacar el máximo partido a las **Oportunidades** que ofrece el mercado, y de reducir las **Amenazas** detectadas, corrigiendo o eliminando las **Debilidades**

TEMA 5
IMPLEMENTAR HORARIOS DE TRABAJO

Los horarios de trabajos implementados son parte del equilibrio personal. Suele suceder que los socios, a veces no todos, tienen interminables jornadas de trabajo, por solucionar las cosas, por escaparse de su vida privada, porque se tornan adictos al trabajo y muchos casos más

Otros no se adaptan a horarios y van cuando se les ocurre que así debe ser, otros intentan introducir a sus hijos y los dejan sin que ellos aún no tengan el conocimiento necesario.

Cada gerente no debe superar las 8 horas de trabajo diario, solo en casos excepcionales donde se programan reuniones al cierre entre los integrantes, o reuniones con clientes importante para cerrar tratos.

Los integrantes de la empresa es fundamental que estén con energía, eso despierta la mente y así pueden ver más claras las oportunidades que se presenten sin dejarlas escapar, no solo eso sino también buscarlas.

Es bueno que complementen su vida fuera de la pyme

Aparte si uno trabaja más, el otro no tiene por qué hacerlo también, ya que la vida fuera de la empresa es diferente para todos. La equidad en todos los aspectos es la forma de no caer en problemáticas posteriores

Como sabrán el ser humano tiene que tener repartido el día en 3 etapas de 8 horas. Trabajo – Recreación y Descanso

Estarán pensando que eso no se puede cumplir, sé que en una empresa familiar uno tiene que tener otras concesiones en cuanto a muchas circunstancias y no se trata de hacer una rutina de esto, simplemente es buscar calidad de vida.

Implementar esto en todos los socios es un paso positivo que ayudara a que nadie se sienta sobrecargado

También es bueno que planifiquen las vacaciones de cada uno, así no se muevan de sus hogares, unos días al año para hacer algo diferente, lo bueno será que no se superpongan con empleados en sectores claves o los mismos socios

En mi caso yo las planificaba en cualquier momento del año después que los empleados se las hubiesen tomado y más con el sector administrativo, dado que es el más vulnerable en caso de ausencia de personas que están a cargo.

Tiene que ver también cuando se tienen los chicos en edad escolar, no hay mucho margen para tomarlas

Cada uno tiene que manejar este tema acorde a sus vivencias
También es bueno que la madre y el padres tenga una presencia ante sus hijos, compartir la cotidianidad es fundamental para su crecimiento e identificación con cada uno, eso niños/adolescentes serán la futura generación que pueda acceder a la empresa familiar.

TEMA 6
INFORMES – Recopilación de datos y reportajes
Padres ricos. Hijos pobres y Nietos fundidos

Este capítulo es una recopilación de datos y detalles de publicaciones en distintos medios, intercalados con experiencia personal para que vean que no solo les pasa a Uds.

Cuando empecé a investigar todo esto, no me sentí sola ni frustrada por no haber podido salvar mi empresa. Espero que saber que hay en el mundo problemáticas similares las cuales han tenido las herramientas para resurgir les sirva para recuperar e incrementar esa energía positiva que es la que nos impulsa a tener las acciones y reacciones que impulsan al ser humano a lograr sus objetivos.-

Generaciones - Grandes desafíos: la sucesión es un proceso crítico y en el que muchas veces se termina definiendo la suerte de una firma; qué hacer para minimizar los errores

Muchos conocen familias que hablan de que en otra época eran ricos, pero que con el tiempo ese dinero se dilapidó. Esto sigue siendo en la actualidad un problema en muchas empresas familiares donde la tercera generación funde la empresa, además de terminar sus miembros en bancarrota.

¿Por qué sucede que la mayoría de los emprendimientos o empresas familiares no pasan de la tercera generación? Los fundadores de una empresa son aquellos que tuvieron una idea, la pusieron en práctica y han centralizado todas las decisiones.

En su condición de creadores de la empresas toman a su cargo decisiones como qué vender, qué canales usar para vender, qué clientes y proveedores son los necesarios para el negocio, entre tantas otras. También son los fundadores los que eligen al equipo que los va a acompañar en este proceso.

Padres Ricos: El problema de los fundadores se puede sintetizar en dos palabras: profesionalización y sucesión. Ambas cosas afectan a los herederos.

Por un lado, muchos fundadores temen a la profesionalización de la empresa ya que por miedo u omnipotencia, profesionalizar requeriría generar cambios profundos a la forma que los dueños trabajan.

"Yo hice este negocio y me fue bien, hice mucho dinero. Quién me va a enseñar cómo manejarlo" es una idea recurrente en la mente de muchos fundadores.

La profesionalización, sin embargo, es un buen momento en el ciclo de vida de la empresa para que los hijos de los dueños se inserten en ellas cumpliendo funciones específicas. El problema es que son pocos los dueños de primera generación que están dispuestos a generar una verdadera profesionalización.

El otro tema es la sucesión dentro de las empresas familiares. Este proceso es crítico y debe ser preparado con tiempo para que la nueva generación pueda ir accediendo a funciones y cuotas de poder y estar listos para tomar el control de la compañía cuando se defina pasar el bastón de mando.

Sin embargo, nuevamente, muchas empresas no quieren, se olvidan o evitan hablar o implementar un proceso de sucesión interna ordenado, "El tiempo hará lo suyo" se puede escuchar en muchas empresas que terminan fundidas poco después del fallecimiento del fundador.

Hijos Pobres: Muchos hijos de dueños de empresa cometen un error enorme: no estudian, no se preparan o empiezan su carrera profesional trabajando con la familia. El mayor error de los herederos de la primera generación es comenzar su vida y desarrollo profesional en la empresa familiar.

Trabajar inicialmente en la empresa familiar no permite a los herederos una experiencia y formación cabal y relevante. Una buena pregunta que deberían hacerse aquellos que deciden hacer su carrera en la empresa de la familia es si la empresa familiar no existiera, ¿alguna compañía del mercado me emplearía? Estoy seguro de que en muchos casos la respuesta sería "difícil" "dudo" "no".

En la vida profesional, los hijos de dueños que quieran encarar el negocio familiar tienen que formarse como si esa empresa no existiese. También deberían hacer sus primeros pasos profesionales fuera del negocio de la familia e insertarse en la empresa familiar en el *timing* adecuado, esto es, cuando el dueño los llame pidiéndoles por favor que se incorporen en el negocio.

Definitivamente es el mejor momento. Además es cuando se pueden negociar mejor las condiciones de trabajo para no tener que lamentarse luego.

Nietos Fundidos: Son la consecuencia de hacer todo mal a lo largo de la vida de la empresa familiar. Fundadores que no logran despegarse del negocio a tiempo e hijos que no están preparados para recibir la empresa genera que los nietos no entiendan nada, no estén preparados o, directamente, no estén interesados en ese negocio. La consecuencia, la mayoría de las veces, es el cierre del negocio familiar y, en el mejor de los casos, su venta.

Es clave para que todo este proceso funcione aceitadamente que los fundadores sepan dar un paso al costado a tiempo, acompañando a sus hijos en un proceso de transición y no que los hijos entren a la compañía a tomar el mando cuando por la puerta de atrás sale un féretro con el fundador adentro, que, literalmente, murió aferrado a su escritorio.

Fortalezas y debilidades

Sus **fortalezas** son claras; la transmisión de los valores y la cultura familiar al entorno laboral, la cercanía con el cliente, la flexibilidad y la capacidad de planificar a largo plazo se encuentran entre ellas. La empresa familiar se concibe como un proyecto de vida de varias generaciones. En cuanto a sus **debilidades**, la principal radica en la dificultad para conseguir financiación, especialmente ahora que el crédito está restringido por la recesión económica.

Las familias empresarias tienen una alta aversión al riesgo porque su propio patrimonio está en juego. Por ello, su capacidad de crecimiento puede verse limitada. También la falta de sucesores o de preparación adecuada en los mismos puede conducir a la desaparición de la compañía. Superados estos inconvenientes, la empresa familiar se convierte en una gran opción de empleo y futuro, donde el clima laboral es muy bueno. De hecho, hoy en día, las empresas familiares son la base de la economía mundial (aportan el 50% del PIB de los países) y el 80 por ciento de los estudiantes terminan trabajando en una empresa familiar, es decir, 4 de cada 5 estudiantes.

Cohesión en la empresa familiar

La unión familiar lleva al éxito empresarial y viceversa. Si los miembros de la familia comparten los valores y los retos de futuro transmitirán de manera más clara y contundente la misión de la compañía a los empleados.

Por eso es importante hacer una transición de la empresa vista como fuente de ingresos a situarla como fuente de identidad familiar. Aprende a fortalecer la familia y empresa al mismo tiempo. Si quieres conocer cómo gestionar los vínculos emocionales sin que afecte a la productividad empresarial

Empresas familiares: En miras de extinción

Solo el 30% sobrevive el traspaso a la segunda generación. En el 61% de los casos, la muerte de este tipo de organizaciones en el momento del cambio se debe a conflictos de relaciones personales y no financieros. Expertos revelan dos aspectos que posibilitan su profesionalización y posterior éxito

Las empresas familiares generan problemas por naturaleza y siempre se las asocia con conflictos. Por eso, su manejo implica tomar medidas antes de que estos estallen. De esa manera, se trabaja de forma racional, no emocionalmente

Las compañías familiares son sistemas que, a su vez se dividen en tres subsistemas: la familia, la propiedad (accionistas, personas con capital invertido en la firma) y la empresa (los que llevan adelante el día a día). C/u de estos subsistemas tiene objetivos y razones de ser distintas.

El objetivo de la familia, es la contención de sus miembros. En el caso de la propiedad, en cambio, la rentabilidad del capital invertido. Por último, el fin de la organización es el de generar rentabilidad para los accionistas.

El conflicto en la empresa familiar se da porque, en la mayoría de los casos, quienes se desempeñan en estas compañías forman parte de los tres subsistemas. De esta manera, el director de la firma debe tomar decisiones teniendo en cuenta los objetivos de las tres áreas, una tarea muy difícil de lograr

El éxito en las empresas tradicionales se determina por la rentabilidad sostenida en el tiempo. En el caso de las familiares, la rentabilidad no es suficiente, también se debe conseguir armonía familiar. Si bien en muchos casos este tipo de firmas se asocian con las Pyme, cuando se consiguen los dos objetivos a la vez se produce una sinergia por la cual pueden ser, incluso, más exitosas que las tradicionales. En la Argentina, el más claro ejemplo es el de **Arcor.** A nivel internacional, en tanto, se destacan compañías como **Ford o Walmart.**

Fuentes de conflicto

A la complejidad que estas organizaciones presentan de por sí, se les debe sumar el hecho de que cada uno de los subsistemas crece y evoluciona en el tiempo.

A medida que pasan los años, crece la familia: aparecen los hijos, las nueras, los yernos, los nietos. Esto puede influir en el subsistema de la compañía con nuevas personas que quieran sumarse, pero repercute, sin lugar a dudas, en la propiedad. Lo que comienza con un accionista fundador, pasa a ser una sociedad de hermanos y con el tiempo se transforma en un consorcio de primos. En este contexto, los conflictos son inevitables existen cuatro fuentes de conflicto clave:

1) La ausencia de visión compartida: los objetivos de la empresa no están aclarados y no son compartidos por toda la compañía.

2) La falta de órganos de gobierno: cada subsistema debe contar con un órgano de gobierno con tareas y roles específicos como la junta de accionistas para Propiedad, el consejo de familia para Familia y el directorio o alta gerencia para Empresa.

3) La carencia de un plan de sucesión: la sucesión es el momento más crítico que atraviesa una compañía familiar y debe ser parte del plan estratégico, no puede ser algo que simplemente pase.
Dentro de ese plan, se debe incluir tres etapas clave: enseñar a hacer, hacer, y dejar hacer. Si falta alguna, la sucesión es fallida"

4) No entender las etapas de crecimiento que atraviesa una compañía: toda empresa experimenta una evolución que comienza con el arranque y continúa con la expansión/formalización, la madurez, y la reinvención. No saber acoplarse a estos cambios puede llevar al fracaso.

Todos estos artículos y muchos más fueron parte de mi estudio cuando quería salvar por todos los medios a mi empresa. Los cuales no me dieron ningún resultado en la práctica, pero me quedo la teoría de lo que deberá ser, el problema era de calidad humana, de interacción entre los socios y eso solo se puede solucionar con la intervención profesional externa

Muchas veces los conflictos quedan tapados y se enquistan, afectando tanto los lazos familiares como el desarrollo empresario

La empresa familiar hay que disfrutarla, no sufrirla.

El **protocolo familiar** es un documento en el que se establecen las reglas que hacen a la familia y a las relaciones entre ésta y la empresa. Es aquí donde debe describirse y especificarse cómo se implementará el proceso de sucesión. Pero, además, incluye otros temas como la participación de los parientes políticos en la compañía, si los hijos tienen que realizar una experiencia previa antes de ingresar a la firma familiar, o qué pasa con la propiedad si algún familiar directo no puede o no quiere trabajar en la compañía, pero quiere participar como accionista. La creación del protocolo implica la participación de toda la familia. Debe realizarse de manera consensuada para que sea legítimo y aplicable, CON LA INTERVENCION DE UNA PERSONA EXTERNA COMO MEDIADORA, poner un profesional externo estamos hablando de profesionalización que es la que permite prever y evitar conflictos, así como ordenar la empresa y la familia para la sucesión, lo que brinda mayores y mejores oportunidades de crecimiento tanto para la empresa como para la familia Es muy difícil que todos esos diálogos se den naturalmente, pero es necesario que estén aclarados y explicitados

La falta de planificación en las empresas en sucesión, los roles indefinidos y las salidas repentinas son algunas de las problemáticas que atentan contra estas organizaciones

Una empresa familiar no es cualquier empresa. Allí conviven dos sistemas relacionales que tienen objetivos y principios diferentes: la familia y el negocio. Esto hace que deban sortear escollos que, para el resto de las compañías, son impensados. Por ejemplo, la extrapolación de los roles familiares a los laborales, la incorporación de nuevo personal simplemente por "portación de apellido" o el "aterrizaje" de un pariente del fundador en alguna gerencia sin contar siquiera con una mínima experiencia.

A continuación, algunos de los desafíos que deben atravesar este tipo de empresas, junto con algún consejo para resolverlos o, al menos, sobrellevarlos.

1. Límites difusos

El que dice que no habla de trabajo en la mesa familiar miente, o quiere y no puede, es recomendable no hablar en el seno familiar de cuestiones privadas de la empresa, hay que dividir estas 2 emociones, la pasión por la empresa y la emoción y pasión por la familia, la empresa debe sustentar la familiar, no crear conflictos innecesarios, porque terminan perjudicándose ambas

La inserción de un gerente externo ayuda a que los parientes involucrados aprendan a comunicarse con términos empresariales, en lugar de hablar desde su experiencia personal, así se evita confrontar temas familiares para concentrarse netamente en lo profesional-laboral

2. Roles indefinidos

Un error común en la empresa de familia es que todo sea de todos, evitando definiciones claras sobre tareas y responsabilidades Por ello, se deben designar funciones específicas para "organizar mejor el trabajo y sentar las bases para el crecimiento".

Es muy común que las empresas familiares no tengan un organigrama. Se entiende que llevan la misma estructura que la familia, en la cual el padre está a cargo y decide qué deben hacer los hijos y cómo

El problema aparece cuando la compañía crece e incorpora empleados que no son parientes. Carecer de una estructura formal frustra a todos los integrantes. El dueño sigue tomando todas las decisiones, no hay gerencia media y los puestos de trabajo no tienen tareas determinadas ni responsabilidades asignadas, lo que genera una serie interminable de problemas

EMPRESAS QUE TUVIERON Y RESOLVIERON ESTA PROBLEMÁTICA

¿Cómo lo resolvieron los **Fisbein**? "Nos sentamos a hacer como un pequeño protocolo sobre cuáles eran los planes, los cargos de cada uno, y hasta dónde podía avanzar cada uno sobre el otro y dónde no", detalla Glenda.

Las hermanas **Bulacio**, que hace cuatro años fundaron **Chenna Bags**, optaron por la siguiente estrategia: "Explotar el *expertise* de cada una. Candelaria en Administración y Finanzas, y yo en Producción, Logística y Comercio Exterior", dice Sofía. Y se van "especializando y buscando los mejores mecanismos", añade Candelaria.

En nuestro caso funcionó porque cada uno tiene su pasión por las cosas que hace. Los roles se obtuvieron de esa manera. Todos los que estamos incorporados hacemos lo que nos gusta", dice el gerente de ventas de **Chikitos**, Claudio Lo Menzo, hijo y sobrino de los fundadores de la juguetería familiar.

3. Cuentas poco claras

Cualquier persona que forme parte de la empresa tiene que tener en el mismo escalafón el mismo salario, independientemente del apellido

Tener un esquema de remuneraciones claro muestra la valoración del trabajo, evitando conflictos con familiares y colaboradores. Esto, al

mismo tiempo, permite mantener costos reales, que no atenten contra la supervivencia del negocio

Ejemplo - articulo

Para esto, las **Bulacio** tienen un esquema bien definido.

"Sacamos un sueldo acorde cada mes. Hoy, por partes iguales, dado que las tareas que realizamos son equiparables", dice Sofía. Y, a fin de año, hacen una reunión para definir qué hacer con las ganancias.

4. Sumar por sumar

Es común que, en las firmas de este tipo, se contraten parientes simplemente por su condición de familiar, incluso en posiciones jerárquicas, sin importar su capacitación o si era necesario incorporar a alguien más. Lo ideal, es que ningún familiar tenga su primera experiencia laboral en la empresa, o mejor aún arrancar desde la base de la compañía. ¿Por qué? Porque así se logra una conquista meritoria, tiene un reconocimiento social por fuera de la jerarquización simbólico-social que le puede dar la familia, solamente por pertenecer; por portación de apellido

Ejemplo - articulo

Cuando a Lo Menzo se le pregunta por la incorporación de la próxima generación, responde: "Se incorporará por una necesidad, no porque haya que hacerlo. Hasta el momento, siempre fue por una necesidad".

La marca de ropa **Los Locos**, fundada por el matrimonio Scolnic hace 35 años, y que ya incorporó a la segunda generación, tiene una política similar. "Nadie va a privar a nadie de que ingrese a trabajar en la empresa siempre y cuando haya un objetivo claro, y existan las capacidades para desarrollar el rol que el que ingresa pretenda desempeñar y que la empresa necesite cubrir", dice su dueño e hijo del fundador, Nicolás.

Guido Agostinelli, presidente de **Geson**, compañía que creó su padre y que tiene 40 empleados, señala: "Las generaciones futuras no podrán ocupar cargos gerenciales sino cuentan con una carrera afín concluida".

5. Salida repentina

No solo el ingreso de un pariente puede ser un dolor de cabeza, sino también su salida.

La clave es que el éxodo no sea como en una multinacional, "que te dan un reloj de oro y que después no pasas ni por la puerta. Sino lo contrario. Siempre va a quedar involucrado.

El asunto es que entienda que será desde un lugar diferente, determinado por los socios activos. No es equis día traspaso el poder y me desentiendo.

Es un proceso que puede durar un tiempo y entenderlo como proceso y, por lo tanto, no apurarlo ni postergarlo cuando sea necesario empezar a transitarlo

Ejemplo - articulo

Una compañía que tomó esta postura fue **Prame**, que brindan soluciones para la industria del petróleo y el gas. "El traspaso nunca fue completo. Seguimos aprovechando el *expertise* de mi papá. Hoy, ocupa el rol de consultor", explica su presidente, Eduardo Romero. "Todos los días viene un rato por la mañana a compartir con nosotros su visión y transmitirnos su experiencia. En **Prame** decimos que es nuestro capitán de tormentas, sobre todo en las épocas más difíciles"

6. Sucesión sin planificación

¿Quién va a seguir a cargo cuando papá no esté? ¿Y si nadie quiere?",

¿El que quiera y esté en condiciones cuenta con el apoyo del resto?

¿Hay celos y reclamos?

Algunas opciones: seguir – cerrarla – venderla Aunque también puede haber nietos con vocación. En ese caso, se recomendaría contratar un CEO profesional y capacitarlos para cuando les llegue el momento de incorporarse.

¿Y si solo algunos hijos quieren continuar? Se pueden observar distintos panoramas: A un hijo se le dejó la empresa y al otro, otros bienes, para que pueda seguir adelante; esto es un tema de planificación sucesoria.

Cuando hablamos de la planificación sucesoria, estamos buscando soluciones que resulten equitativas y respondan a los valores, en primer lugar, de esa persona que está dejando su patrimonio a la siguiente generación".

Aunque, si bien están aquellos fundadores que reivindican el concepto de igualdad, también están quienes priorizan a los hijos que se quedan en la empresa

¿Y si todos quieren? En este se aconseja elegir claramente quién será el que esté a cargo y capacitarlo con tiempo; esto evitará malos entendidos y ayudará a generar mayor compromiso por parte del 'elegido'".

También puede desarrollarse, según el tamaño de la empresa, una especie de directorio o consejo para la toma de decisiones, en el cual se logre, entre todos, un acuerdo respecto del futuro de la empresa".

Ejemplo - articulo

El cambio a la segunda generación fue más rápido porque mis tíos comenzaron a trabajar desde su juventud en la empresa", sostiene Martín **Cabrales,** vicepresidente de la compañía que lleva su apellido y fue fundada por su abuelo. En cambio, para el siguiente traspaso, hicieron cursos y capacitaciones con especialistas externo para que los ayuden en el proceso.

7. Delegación de baja intensidad

Fuerte dependencia del fundador (baja delegación), concentración de poder y decisiones" son otros dilemas Cuando padres e hijos trabajan juntos, es común que falle la delegación. El padre/madre acostumbrado a resolver los problemas familiares protegiendo al hijo, controla, genera cambios y toma decisiones a espaldas del hijo o incluso lo monitorea constantemente sin dejarlo actuar libremente.

Aunque también puede ocurrir lo contrario: el hijo toma el liderazgo y el padre queda sin una tarea concreta, situación que puede frustrarlo o desmotivarlo. Trabajar ambos con un *coach* o consultor que los ayude a separar los roles, definir las tareas de cada uno y, principalmente, establecer instancias de control formales, para que el hijo pueda, de a poco, prepararse para tomar sus decisiones y asumir sus errores.

8. Choque generacional

La convivencia de dos o más generaciones suele ser un problema en cualquier compañía y si además son parientes el panorama puede ser más complejo. Pese a esto, es mucho más saludable re-fundar desde el propio legado con cada nueva generación que iniciar empresas nuevas. Así, se evita la pérdida del aprendizaje capitalizado y el patrimonio desarrollado. ¿Sugerencias? : abrirse a estilos de dirección que sean inclusivos de las generaciones más jóvenes; que los mayores aprendan a comunicar su experiencia antes, durante y después del retiro

Asumir que el fundador en algún momento no estará; fomentar con las demás generaciones una visión compartida de ese cambio. Al construir como equipo ese horizonte todos lo sienten como propio y genera sentido de pertenencia.

9. Planes de contingencia

Las empresas familiares no pueden dormirse en los laureles; deben tener presente que pueden surgir acontecimientos inesperados: un fallecimiento, un accidente, una persona que se incapacita. Por tal motivo, lo ideal es pautar de antemano qué hacer ante este tipo de contingencias. Por ejemplo, la familia del afectado puede quedarse esperando un aporte solidario del resto de los hermanos, mientras ellos creen que ya hicieron mucho. Ahí se generan situaciones de abandono, de falta de reconocimiento, de malestares que son muy fuertes. Entonces, cuanto más se pueda pautar este tipo de cosas, para evitar conflictos en el futuro, vamos a tener las perspectivas de que las cosas se puedan mantener a más largo plazo

10. Sin registros

Muchas empresas aún no cuentan con un registro fehaciente de ingresos y egresos. No está claro a qué proveedor se debe o qué cliente debe

En consecuencia, no se sabe si el precio del producto cubre los gastos. Tampoco suelen diferenciar los gastos fijos de los variables, no hay previsiones para futuras inversiones ni se diferencian los gastos familiares de los empresariales. Para saber si la firma rinde se debe separar los ingresos y egresos relacionados estrictamente con el negocio, registrándolos todos en un Excel diseñado especialmente para este rubro. Si el resultado mensual no alcanza para cubrir los gastos personales, debemos revisar la viabilidad del negocio o bien, si es un negocio pequeño, tener una segunda fuente de ingreso, o sino, finalmente, adecuar los gastos familiares al ingreso estimado del negocio.

Estos artículos publicados, realizados en base a la necesidad de dar soluciones integrales a las empresas familiares, revelan que no se trata de dirigir mal o quien lo hace o qué tipo de familia tiene que ser, es una problemática generalizada

Más allá de la empresa, se trata de la relación entre seres humanos que llevan la misma sangre, pero diferente formas de ser, diferentes actitudes ante la vida

Ahí radica el la diferencia entre una empresa prospera y una en quiebra

Para ampliar este artículo, he realizado un reportaje a una empresa local que es digna de admiración no solo personal sino también empresarial. Les dejo el testimonio

UNA EMPRESA FAMILIAR PROSPERA

La intención de artículo es dejarles esa cuota de energía positiva que los lleve a sentir que SI SE PUEDE, con disciplina y respeto mutuo

REPORTAJE

Agradezco al Sr OMAR SANTILLAN, quien en nombre de la firma ALPAMAR, de la cual es propietario junto con su madre ALICIA y hermana PATRICIA, accedió a darme el reportaje que a continuación transcribo

Ly: Como y donde fue el inicio de actividades
Omar: Mi padre empezó siendo empleado en una estación de servicio, eran recién casados, trabajo desde el año 1960 hasta

1965, año en el que el patrón les vende una mini estación de servicio (combustible líquido) en un pueblo rural Iraola y ahí empieza la historia del cuentapropismo de mis padres trabajando juntos a la par

En el año 1973 surge la idea de construir una estación de servicio en la Ruta Prov. 30 (Tandil-Rauch) más o menos a 30km de Tandil.

La empresa se llamaría ALMAR (Alicia-Omar), pero en ese año nace mi hermana Patricia y se extiende el nombre a **ALPAMAR**, incluyendo el apocope de su nombre en la sigla.

Con el correr del tiempo, en el año 1993, decidimos que nos hacía falta una boca de expendio en la ciudad de Tandil y adquirimos la conocida esquina de Del Valle y Rodríguez

Ly: En qué momento te incorporas vos a la firma?

Omar: Yo me incorporo desde que nací, (1962) porque nuestra casa, estaba en el negocio en Iraola, siempre me gusto participar, al principio como un chico, ayudando en las múltiples tareas y aprendiendo, a los 9 años dejó de ser un juego para empezar a tomar responsabilidades, desde arreglar una goma a atender a un cliente en un surtidor manual porque no había corriente

Mis padres desde muy chico me cedieron responsabilidades, como para que yo decidiera, por eso siempre se tomaban decisiones en conjunto incluyéndome

En 1993, con la compra de la estación en Tandil, tuve que optar, quedar pupilo en un colegio privado, o hacer mi secundario en una academia para quedarme a trabajar con mis padres

Ya a los 12 años tuve que decidir y elegí la segunda opción

En 1994 mi padre enferma y fallece en 1995, en ese momento estábamos los 3, mi hermana cursando en la facultad, todavía no estaba incorporada de lleno al negocio, ella se recibe de Contadora Publica y se incorpora full time y a partir de allí seguimos siendo tres puntales para la empresa

Al no estar mi padre, no tuvimos que designar un gerente o un administrador, fue sucediendo todo muy naturalmente

Al incorporarse mi hermana como profesional y parte de la sociedad, mi madre maneja el sector Financiero, mi hermana el sector Impositivo y yo el Comercial y todas las decisiones se toman en conjunto

Por suerte nos complementamos bien, no hemos tenido grandes diferencia y tuvimos a favor un factor muy importante "la suerte" que nos fue dando una mano para seguir creciendo

Creo que cuando la empresa se afianza en la solidez, dando pequeños pasos pero seguros y hacia adelante, eso ayuda a la buena relación

En cualquier tipo de empresa las crisis son muy difíciles de sobrellevar

Ly: Alguna vez te planteaste, me hubiese gustado hacer otra actividad, hacer otra cosa de mi vida o esto es lo que hiciste con pasión desde siempre

Omar: Yo soy un comerciante nato, siempre me gustó el negocio y lo hice con pasión desde siempre. De haber decidido no seguir con mis padres y hacer algo, me hubiese gustado ser Médico Cirujano, con el tiempo y cosas que nos sucedieron en la vida, la más grave es la perdida de mi hijo menor, estoy seguro de haber elegido bien mi camino, porque creo que es muy dura la tarea del médico.

Ly: En la empresa hay accionistas externos?

Omar: Tenemos tres (3) firmas, todas relacionadas con combustibles y somos propietarios los tres (3), en combustibles y GNC (gas natural comprimido)

Seguimos invirtiendo, hace poco adquirimos otra estación de GNC, siempre los 3 en la sociedad, mi madre, mi hermana y yo, de ese negocio se hicieron cargo mis hijas, una full time y la otra part time, en esa estación y también en Shell

Ly: O sea que ya están entrando en la continuidad con la tercera generación que siga los pasos familiares

Omar: Dicen que para que un negocio familiar se consolide, lo hace a partir de la tercera generación, estamos en ese proceso, ellas tienen excelente relación con la familia (mi hermana-mi madre), tenemos muy buena relación de familia y eso es fundamental. En la unión familiar siempre ha estado la mano de mi madre, la generación inicial, los fundadores son los que forman y más la mujer que el hombre

También hemos tenido la suerte, mi hermana y yo de habernos casado con profesionales que viven de su profesión, mi esposa contadora y mi cuñado médico, ellos actúan en forma autónoma sin influir en la empresa, nunca pretendieron ser partícipes en las decisiones de nuestra empresa familiar original

Los hijos de mi hermana son muy chiquitos aun, así que no sabemos si continuaran también

Siempre tenemos el concepto que si la empresa separara a la familia, siempre la prioridad es la familia, así que habría que buscarle a la empresa una salida negociada, porque siendo así no sirve

Mi madre ha tenido la oportunidad de empezar a bajar el ritmo de trabajo, pero esto es su vida, nosotros estimamos que nuestro retiro será más temprano, siempre buscando la forma de seguir apoyando a las nuevas generaciones, si es que siguen con la empresa familiar

No están obligados a hacerlo, seguir es por decisión propia, tienen la libertad de realizarse en lo que decidan que es mejor para ellos.

Antes de comenzar la terapia individual, es mi intención que lean estos artículos y vean que todo es posible, y comiencen a sentir más energía para empezar con el cambio

Que vean que es cuestión de actitud para salvarse y salvar la empresa

Les dejo mi mejor energía para que sigan adelante!!!!

CAPITULO IV

TEMA 1
TERAPIA INDIVIDUAL
A QUIEN LE TOCA?

Siempre es en UNO de los herederos el elegido para llevar adelante lo que el fundador ha construido y eso no le quita importancia al resto, sucede que en una familia ese UNO, puede ser por ser el mayor, puede ser quien tiene mayor experiencia, puede ser porque es el más aplicado, por lo que sea, esa persona que se hace "cargo" sea por cual fuera la razón es la que tendrá sobre sus hombros la responsabilidad de llevar adelante todo.

El resto de los hermanos tendrá sus funciones como UNO en otras partes o tareas de la familia, eso no quiere decir que también trabajen en la firma

Al estar en igualdad hereditaria que el resto, puede que existan celos o sentimiento de inferioridad del resto de herederos (hermanos-primos), aquí es donde se empiezan a producir los roces, que desbalancean la empresa y la llevan a su quiebre.

El carácter y la forma de ser de todos los socios herederos, son diferentes, hasta opuestos en algunos casos

Como cada uno tiene una visión diferente de la realidad, porque la realidad solo existe en nosotros, proyectamos lo que somos internamente, o sea que lo que está afuera no existe como etiqueta, cada uno tendrá una perspectiva diferente de esa realidad.

Esto es un estado nocivo para la empresa y para la propia relación familiar.

Convertir el egocentrismo (todos hacemos uso de él) dejando de lado la dualidad y ver el todo como el paso más seguro para la salida, es la solución instantánea a las problemáticas existentes

Es difícil lograrlo en quienes no se lo proponen o no están de acuerdo, por ignorancia dela vida, por miedos, por celos etc.

Cada hijo en una familia viene a ocupar un lugar con un objetivo, una función, nada es casual, cada uno de nosotros venimos a desarrollarnos de una forma que no es la misma que la de nuestros hermanos, así tengamos el mismo ADN, y corra sangre familiar por nuestras venas, cada uno cumplirá lo que ha venido a hacer a este mundo.

Sino como entender que en el mismo seno familiar, criados de la misma forma, dándole las cosas por igual, sean tan diferentes a la hora de decidir su vida

Por ejemplo y estimo tendrán conocimiento de casos

Uno de los hijos con rencor y odio. Otro se da cuenta que su vida es mirar adelante y sigue su instinto y Otro más tranquilo no le importa, pero a su vez no es capaz de hacer nada por sí mismo.

O sea que cada uno toma una actitud de vida diferente

También influye en el comportamiento, el respeto que los padres infunden y han logrado de sus hijos, los cuales también cada uno lo captara de acuerdo a su forma de ser

Por este motivo la terapia tendrá que ser, no solo del grupo sino también individual

Si es necesario que cada integrante, tome la decisión de recurrir a un profesional psicólogo, o terapeuta si es floral mejor, para tomar conciencia del interior y resolver su interior para cambiar su exterior

Lo que quiero lograr es darles las llaves (pautas generales) para que vayan abriendo puertas, para seguir avanzando y no caer en el intento

Todo depende de la determinación de cada uno y no porque mi hermano no lo hace yo porque tengo que hacerlo. Pensemos en mejorar nosotros porque así mejora nuestro entorno

Quien se haga cargo de una empresa, será porque reúne las condiciones para hacerlo, esto no quiere decir que triunfara, porque el entorno tiene que complementar también la ausencia del fundador

Más adelante veremos cómo repartir entre todos los que componen el grupo hereditario, las obligaciones como así también se comparten las ganancias

TEMA 2
DESCUBRIR MANDATOS FAMILIARES

Una vez que corroboramos que la empresa trabaja bajo el desarrollo expresado en LA MISION-VISION Y VALORES y aun así vamos en picada

Veamos que mandatos familiares existen en cada uno de los integrantes del clan heredero, que ocasionan el desequilibrio en la empresa

El método que vamos a emplear para descubrir en forma individual si cada integrante reúne las condiciones que lo lleva al equilibrio, es impulsar a cada uno a realizar un autoanálisis

Pregunta para que cada uno se haga:
*Esto es lo que quiero para mi vida?
*Lo que hago lo hice por seguir a mis padres y ayudarlos?
*Que haría ahora si volviera el tiempo atrás?
*Que haría para sentirme feliz generando dinero para mi mantención
*Si la pyme funcionara sería diferente mi ánimo?

Lo fundamental es saber que ya no es la empresa familiar original, es una empresa que todos los socios tienen incumbencias y por herencia le corresponde por igual, al que trabaja y al que no hace nada. Esto se ve diferente en caso que de antemano se haya hecho una sociedad legalizada (SRL – S.A. – SOC DE HECHO) con porcentajes asignados a cada individuo, en ese caso quien tenga la mayor cantidad de acciones tendrá una ventaja en las decisiones que se tomen en la reuniones grupales. No por tener el mayor porcentaje deja de consensuar con el grupo las acciones y/o decisiones a tomar

Cada empresa es un mundo, como lo es cada familia, por consiguiente las terapias técnica/personales deben ser puntuales para cada problemática

Debemos darnos cuenta que aquí influyen los celos entre hermanos, cosas pendientes con los progenitores, mandatos familiares negativos y cuando entran también a jugar la opinión de terceras personas, hablamos de las parejas de cada integrante, ya existen otros intereses en medio.

Que hacer en este caso... primero saber que todos los integrantes quieren seguir con la empresa que es parte de su vida de su pasión.

Supongamos que todos deciden que van seguir con la pyme en el mercado, sabiendo que deben mejorar muchas cosas personales y grupales para mantener viva y prospera la empresa.

Quienes queden dentro de la pyme deben querer lo mismo, deberán dejar su ego de lado, olvidarse del individualismo y trabajar en grupo

La idea es unificar todo para que se mueva al unísono

En caso que no se pongan de acuerdo, la solución es incorporar un pilar, alguien que ocupe la parte gerencial, que vuelva a equilibrar las cosas, esta persona debe ser externa a todo y todos, no tiene que tener preferencia ninguna por ningún integrante (pareja-amistad-parentesco)

Claro que las decisiones fundamentales serán por unanimidad de los socios, esta persona será quien observe y ponga orden donde no lo hay, como mediador

Aquí es donde aparece El **Efecto Hawthorne** Este es un efecto que inconscientemente ha desarrollado el fundador, dado que todo debía pasar por sus manos, entonces debemos reemplazar la persona que cumpla con este propósito, dado la diversidad de caracteres de los herederos. Esta persona será más que un gerente, será el mediador en la interna entre herederos o dueños. Esto servirá para el reacomodo de la Pyme en general

Esto también lo tenemos que ejercer en nuestro personal, porque habrá personas consientes que realicen el trabajo pero que posiblemente les falte los datos para realizarlo, o bien puede que haya personas que necesitan el observador para tener los ritmos de trabajo adecuados, dentro del personal hay distintos tipos de personalidad del trabajador, la que seguramente cada uno de Uds. ya ha advertido.

Habiendo una persona nueva, ya carecen de la confianza que las pymes familiares suelen darle a empleados que seguramente mucho de ellos hace varios años que trabajan en su sector, esto los hace sentir que las cosas cambiaran, lógicamente no se debe perder el trato ameno que siempre tuvieron, pero automáticamente cambiaran positivamente su forma de productividad

Estimado lector, no sé si están dentro de las variables, pero la base de todo es la misma

Hay circunstancias como en mi caso que no podíamos cerrar para recomenzar con algo totalmente nuevo, porque una empresa de obras de infraestructura, tiene inscripciones privadas y públicas, matriculas con trámites engorrosos y complejos, trayectoria que avalan las futuras contrataciones y muchas cosas más.

Existen muchas variantes por las que la pyme no debe morir

Generalizando vamos a ver detalles de la interna de la Pyme

Hablemos de los sectores que componen la empresa, estos sectores puede ser ocupados por herederos o empleados bajo supervisión.

La mejor diagramación para el desarrollo seria que cada heredero ocupe la gerencia de cada sector o también que 2 sectores sean dirigidos por un heredero

Como hablamos anteriormente el **Efecto Hawthorne** se sentirá en todos los sectores de la empresa, será lo que haga encajar los engranajes y ponga en marcha en forma equilibrada la productividad total

Para lograr esto tienen que ponerse de acuerdo los integrantes de la empresa, realizar reuniones semanales para comentar los pros y los contras del funcionamiento de cada sector y planificar estrategias de marketing, siempre con el gerente general presente como mediador de los herederos, el cual será neutral y aportara lo que considere a su criterio para ser evaluado

Seguramente hay alguno que más se puede destacar en este sector, entonces él/ella armara un plan de marketing ajustado al presupuesto de la empresa, el cual debe ser considerado, modificado en grupo, dejando de lado el Ego de quien lo realizo, aceptando las críticas constructivas y cambios al mismo, en caso de no ponerse de acuerdo se le consultara a un/una especialista en marketing para cerrar conclusiones. Este caso se presenta si la pyme no está económicamente en condiciones de invertir en un proyecto de mercadeo.

Por experiencia propia aconsejo en este caso que se contrate una empresa de neuro-marketing especializada que los apalanquen en este sector que es el más importante para el crecimiento, no será un gasto será una inversión

Siempre se presenta que un socio es más activo o le dedica más tiempo a su trabajo, que tiene la mayor experiencia, o el mayor tiempo en la empresa

En este caso hay que unificar esfuerzos, capacitarse en cada tema por igual y equilibrar el tiempo dedicado en partes iguales

La capacitación les da apertura a nuevas oportunidades, saber que nos brinda el mercado para mejorar nuestro producto es fundamental, por ejemplo en materias primas, tecnología, desarrollo. Hoy con internet tenemos información infinita para trabajar y volcarlo a la pyme

Como se podrán dar cuenta, mantener una pyme familiar activa, prospera y con futuro, no es levantarse temprano cumplir horario y ver qué pasa, nada se logra sin el tiempo dedicado y no digo esfuerzo porque si te gusta lo que haces no es un esfuerzo es el placer de ver crecer algo en el cual estas dedicando tu mayor tiempo y compromiso

Que es ser resilientes?

Ante las pruebas que nos pone la vida, tenemos 2 opciones. Darnos por vencidos y fracasar o sobreponernos y salir fortalecidos, usando nuestra capacidad de resiliencia

Existen una serie de circunstancias que nos llevan al límite, en este caso, cuando los problemas económicos nos manejan todo nuestro mundo, incluso los afectos. Ser resilientes es la capacidad de afrontar esa adversidad y alcanzando un estado de equilibrio personal, tomar las adversidades para transformarlas en positivas

Quedarse en un lugar como espectador, lamentándose de lo que está pasando, es aceptar una realidad que no es verdad, un conformismo nocivo que no te deja avanzar, al contrario te va cargando más peso y más problemas que nunca se pueden resolver desde esa visión

Las personas que son resilientes, van un paso más allá, usan esas situaciones para crecer y desarrollar al máximo su potencial.

Como podemos ser más resilientes?, por fortuna no es una cualidad innata, no está impresa en nuestro genes, todos la podemos desarrollar a lo largo de la vida siempre y cuando cambiemos algunos de nuestros hábitos y creencias.

Solo tenemos que conocer nuestras fortalezas y debilidades, el autoconocimiento es un arma muy poderosa para enfrentar los retos de la vida y las personas que son resilientes saben cómo usarla a su favor. Toman las dificultades como un aprendizaje, asumen las crisis como oportunidad para lograr un cambio, tras un fracaso o decepción o se limitan a pegar el florero roto o son conscientes que el que ese florero nunca volverá a ser el mismo y lo transforman en otra cosa o lo desechan, esto mismo es lo que tienen que ver en la empresa, está rota, se puede transformar o definitivamente cada uno sigue por su camino con el menor daño posible

No hay que intentar controlar las situaciones, porque una de las principales fuentes de tensiones y stress que tenemos, es ese deseo de querer controlar todos los aspectos de nuestra vida, por eso cuando algo se nos escapar de las manos, nos sentimos culpables e inseguros, las personas resilientes saben que eso es imposible, han aprendido a lidiar con la incertidumbre, son perseverantes el hecho que sean personas flexibles no implica que renuncien a sus metas, pueden cambiar el rumbo para llegar a sus metas desde cualquier ángulo, buscan apoyo externo para lograrlas

Ver la vida desde la resiliencia es no bajar los brazos y transformar los eventos para el bienestar propio y del grupo.

Imagínense que todo en el grupo tuviesen esta cualidad, claro no estarías leyendo este libro ya que el grupo estaría fortalecido. Puedo asegurarles que por medio de una buena asistencia profesional, en cualquier orden se puede llegar a la transformación individual.

Seguramente puede que no todos los socios consideren esto viable, entonces cada uno se dispondrá a ver qué resultado tienen de las respuestas que surgieron (preguntas al inicio del tema) y actuara en consecuencia

TEMA 3
ESPEJO

COMUNICACIÓN INTERPERSONAL

Para tener en claro el manejo de la empresa es totalmente indispensable que haya buena comunicación, el emisor y el receptor tiene que estar en la misma frecuencia

Sucede que muchas veces lo que el otro emite me parece fuera de lugar y me enfada

O no nos logran entender lo que queremos expresar, también pasa que nosotros no entendemos que quiere el otro

Todo lo que a uno le hace sentir enojado, con rabia de la otra persona, tanto en los mensajes verbales y no verbales es algo que debemos curar nosotros en nuestro subconsciente, puede ser porque ese acto es contrario a lo que somos o bien es lo que somos y no nos hemos dado cuenta

Por eso para cambiar mi realidad exterior primero debo cambiar yo desde adentro para poder lograr una comunicación fluida y sin escollos, que son los que llevan a las discusiones a veces sin causa, las que pueden causar la separación definitiva

Una condición necesaria para que haya diálogo es
la **comunicación asertiva**, que significa expresar con confianza lo que se piensa, siente y cree, al mismo tiempo que respeta el derecho de otros a tener puntos de vista diferentes.

Otro punto muy importante es el **diálogo ético** requiere que los individuos que interactúan demuestren múltiples capacidades y conductas. Mediante los elementos del diálogo ético y la comunicación asertiva, la honestidad en el lugar de trabajo, son puntos estratégicos para el comienzo del entendimiento pleno

La **comunicación no verbal** también es sumamente importante, incluye el proceso de enviar mensajes "sin palabras", por medio de expresiones faciales, gestos, posturas, tonos de voz, arreglo personal, vestimenta, colores, y uso del espacio. Las señales no verbales pueden contener muchos mensajes ocultos e influir en el proceso y el resultado de la comunicación cara a cara. Incluso la persona que está en silencio o inactiva frente a otras podría estar enviando un mensaje, que puede ser o no el mensaje que pretende enviar

También influye la **red de rumores,** esos tipos de conversaciones como: yo le dije, él me dijo, los empleados dicen y la mayoría de los casos son negativos y eso afecta la relación entre los socios, en este caso les contare lo que un maestro chino le dijo a su alumno. Maestro tengo algo que decirle, el

maestro en silencio no le respondió y siguió caminando, maestro, maestro tengo algo que contarle, dime responde el maestro lo que tienes que contarme es urgente?
No maestro, ¿lo que me dirás es verdad? ¿Viene de una fuente confiable? No maestro, dime ¿lo que tienes que decirme cambiara mi momento? No maestro, ¿entonces para qué quieres hablar conmigo?
Nadie más tiene la culpa de lo que somos, a lo que hemos llegado, si tenemos sino tenemos, si escuchamos y creemos los rumores, si seguimos en la misma temática sin revelarnos, nosotros mismos somos quienes forjamos nuestro mañana
Nuestro presente (hoy), es lo único que tenemos para producir el cambio, las cosas del pasado nos han dejado experiencias que utilizaremos en forma positiva para crear nuestro nuevo universo

TEMA 4
NIVELES DE CONCIENCIA

Este desarrollo lo hizo uno de mis Mentores Jürgen Klarić en una conferencia que dio en México y me pareció un tema muy importante para incorporar dentro de mi terapia, por este motivo lo quiero dejar plasmado en este capitulo

Son 8 los niveles de conciencia, con los que podemos identificarnos

- Conciencia PURPURA Trival -EGOCENTRICO
- Conciencia ROJA Todo poderoso - EGOCENTRICO
- Conciencia NARANJA Hacedor ETHNOCENTRICO – EL SER
- Conciencia AZUL Orden absoluto ETHNOCENTRICO
- Conciencia VERDE Social/consiente COSMOCENTRICOS
- Conciencia TURQUESA Alma desp ESPIRITUCENTRICO

- **1 Conciencia BEIGE** Instinto de supervivencia
  Son personas básicas y simples, que no se preocupan por superarse avanzando en sus conocimientos, suelen ser autodidactas
  Solo los impulsa el hecho de sobrevivir (en niños comida, bebida, descanso)

- **2 Conciencia PURPURA** Tribal -EGOCENTRICO
  Son quienes no son nada, ni pueden hacer nada sin el respaldo de otros en este caso de la pyme, es como la tribu, voy pero con todos detrás

- **3 Conciencia ROJA** Todo poderoso - EGOCENTRICO
  Son egocéntricos, se sienten superiores a los demás, son impulsivos, suelen estar solos.

En la fase positiva, son los que salen a buscar las soluciones, los que pelean por conseguir cosas que lógicamente sean para la empresa pero a su vez les produce un beneficio propio

Esta conciencia en su faz positiva es indispensable para lograr el emprendimiento y liderazgo

- **4 Conciencia NARANJA** Hacedor ETHNOCENTRICO

  Son impulsados por el éxito, suelen hacer realidad el reto, materialista, consumista, tiene un poco de egocéntrico. Son emprendedores dentro de la misma empresa, valientes, decididos

- **5 Conciencia AZUL** Orden absoluto ETHNOCENTRICO

  Es la persona que se rige por las órdenes de un superior. Disciplinado, tradicional, moralista, cerebral, planea todo, rígido en sus conceptos, se rigen por reglas sumamente estrictas

- **6 Conciencia VERDE** Socialmente consientes COSMOCENTRICOS   EL SER

  Su impulso es la conexión humana. Intercambio de sentimientos, pluralistas

  Estas personas quieren salvar al mundo y muchas veces no pueden salvarse ni así mismos. No quieren seguir las reglas

- **7 Conciencia AMARILLA** Flexible integrado – ESPIRITU CENTRICO EL SER

  El impulso es ecológico, están por encima del poder, aman la espontaneidad, son sensibles a las diferencia y tratan de integrar, piensan que los valores y saberes están sobre todo

  Flexible, busca el beneficio del grupo, trata que todos trabajen felices

- **8 Conciencia TURQUESA** Alma despierta ESPIRITUCENTRICO –EL SER

  Bienestar holístico colectivo, espiritualidad cósmica, sensible a las fuerzas armoniosas, unen el sentimiento con la sabiduría, integración del universo

  Hay quienes tienen este nivel de conciencia en forma esporádica

Aquí estamos en presencia de personas sabias que pueden manejar que estado de conciencia usar, lo ven desde afuera

Los invito a que cada uno vea entre que colores va navegando su conciencia, lo anote en un papel y lo intercambien entre los socios para que cada uno agregue o saque a su opinión. También que alguien del exterior a la empresa pueda decirnos como somos Esto es para saber cómo me ve el de afuera (visión del cliente) Este ejercicio sirve para elegir los colores que creo convenientes para mí y ponerlos en práctica a diario, digo elegir porque la vida, el mundo no es estático, CAMBIA CONSANTEMENTE, por esto mismo podemos elegir cambiar.

EJEMPLO

Alguno de Uds. se dio cuenta, el cambio que ha tenido cuando se enamoraron. O cuando tuvieron un hijo. O cuando han tenido alguna enfermedad y sanaron, o desavenencia esos son cambios de conciencia involuntarios, porque se adecuaron a la situación. Hoy les pido que se autoanalicen para lograr los objetivos más fácilmente y que los cambios sean por tomar conciencia, pero reales, no se mientan

Alinear los niveles de conciencia nos llevara no solo a sacar la empresa adelante, sino también a cambiar nuestro mundo en todos los órdenes Es fundamental verse a sí mismo y saber en qué estado de conciencia se está desarrollando cada integrante.

Es importante a la hora de la elección del gerente/mediador, mi consejo seria que sea un naranja, con un porcentaje de rojo y de azul y bastante verde.

El que aspire el puesto deberá adaptarse a la necesidad de la empresa

Los niveles de conciencia deben estar todos intercalados, porque todos aportan cosas diferentes en momentos diferentes

En la vida y las circunstancias, pasamos por diferentes niveles, intercalándolos

Lo importante es tomar de cada uno lo que se necesita en el momento que corresponda

Para que un emprendimiento sea sostenible, todos los participantes de grupo heredero son necesarios para lograrlo, por este motivo emigrar desde adentro para incorporar los cambios, tiene que ser parte de un propósito grupal

Todo esto implica tiempo, se irán viendo paulatinamente, dejen la ansiedad de lado y trabajen cada uno consigo mismo

TEMA 5
EQUILIBRIO

En el primer capítulo di la definición de **Equilibrio**, vamos a desarrollarla

Pensar lo que debo hacer, es muy diferente a pensar y sentir lo que quiero hacer abarcando el bienestar en toda mi vida, poniendo en acción el sentimiento (el ser), las cosas se desarrollan de diferente manera.

Siempre habrá algo que no nos guste hacer, pero es parte de la acción, tomando conciencia de esto se contratara la persona indicada para que realice ese trabajo dedicándome a otro tipo de tareas productivas, que hare con pasión, para beneficio propio y de la empresa

Hacer las cosas con pasión no solo lleva al bienestar físico-mental del individuo sino que le da más energías para lograr sus metas.

En las empresa familiares no todos los integrantes trabajan con pasión, a veces ni siquiera el rubro con el que trabajan es lo que les interesaría para seguir haciéndolo en su vida, allí se produce un desequilibrio en el grupo que se deberá tratar

En este caso quien no quiera seguir con la empresa se le comprara su parte para que pueda dedicarse a lo que en verdad le guste, lograr su propio equilibrio. Mi consejo es que quien decida retirarse porque no es lo que en verdad quiere para su vida, lo haga después de intentar hacer algo en paralelo al trabajo que está realizando dentro de la empresa y a su vez que vayan preparando ese camino, primero buscar la persona que los reemplazara, darle la capacitación necesaria, todo esto con el apoyo del grupo, no solo se retiren porque no me gusta y exija al grupo una pago indemnizatorio que posiblemente no estén en condiciones de pagarlo en efectivo.

Este tipo de circunstancias desequilibra no solo al grupo empresa, sino también la relación familiar, por este motivo hay que hacer las cosas paulatinamente.

El accionar más sano para todos será desvincular al socio ofreciéndole un trato que esté al alcance de la empresa, esto provee futuros roces, no se olviden que quien se retira es un familiar y no solo tienen que velar por la seguridad de la empresa sino también ayudarlo a que pueda tener un medio de vida, que le permita ya no depender más de la familia

Qué pasa cuando están por rendirse

Hay empresas que tienen sus integrantes estresados al punto de no ver cómo salir, de no ver las oportunidades, porque todo se desarticulo y ven que el esfuerzo es nulo

Ya ni siquiera sirve tomarse vacaciones porque llevan la problemática consigo y la mente automáticamente tira flashes.

Muchas personas en esos momentos dado que están en otro lugar realizando actividades diferentes, encuentran alguna solución a determinada problemática, la que pondrán en ejecución al regreso. Pero el resto de las debilidades de la empresa sigue allí, interponiéndose entre nuestras posibles soluciones.

Me ha pasado que cuando vivía mi pasión (salir a rutear en moto) se me han presentado ideas útiles y positivas para realizar en la empresa

Siempre va a haber diferentes tipos de stress en cada uno, todo depende de la forma de ser y del compromiso que tenga con la empresa y su vida en general

Esto acarrea problemas de salud, que si no se tratan se transforman en crónicos o terminales.

Ya llegaron al punto de tirar todo por la borda

Antes que esto suceda hay que poner todo bajo TERAPIA

En este punto tenemos que preguntarnos.

Cuantos somos los que queremos salvar el barco?

Para que queremos que esta empresa persista en el tiempo?

Salvar la empresa es salvar la familia?

Aporta bienestar general?

No vean solo la punta del Iceberg, porque debajo del agua se encuentra la misma masa de hielo y no se ve.

Allí es donde hay que fijar la mayor atención y tenemos que ver lo que no se ve, ir tomando conciencia, de estas debilidades que nos están hundiendo.

No nos olvidemos que la empresa es lo que sus dueños y/o directivos son y donde deseen llevarla, la acción humana es la que hace funcionar el engranaje, la empresa por sí sola no es nada.

Por eso cada integrante de la misma tiene que llegar a vislumbrar el futuro de esa empresa en concordancia, LA UNION HACE LA FUERZA, un conjunto resonando al unísono incrementa la potencia de energía y la dirige hacia un punto en común, eso hace que escale y se vaya transformando en una gran EMPRESA, con grandes empresarios en todos los ordenes

No es fácil acomodar todo y que todos los integrantes tomen conciencia de un cambio, porque quienes están en una zona de confort, puede que no se acostumbren o les afecte modificar y modificarse

En ese caso no tiren la toalla antes de dar lo mejor, consulten, inviertan en personas capacitadas externamente, que los ayuden desde afuera (la visión es diferente), para poner en marcha un gran plan que les dé las herramientas para seguir subiendo esta difícil escalera de la vida empresarial

También tiene mucho que ver si rendirse implica un bienestar general, que la mantención de la familia está asegurada, hablo de los 2 significados que tiene la palabra, mantención desde el aporte económico y desde la mantención de lasos familiares

Si esto pasa en una empresa que aun su fundador sigue desempeñando tareas, aunque sea en forma externa, tengan una charla familiar para consultarle que le parece hacer, el respeto que los herederos le deben a su fundador es lo primero que hay que tener en cuenta a la hora de las decisiones.

Porque él le puso todo de sí para montarla, seguro tuvo su pro y sus contras y seguramente lo ha hecho por y para el bienestar de mis hijos, como seguramente lo están haciendo Uds.

Seguramente esta empresa en la que están todos trabajando hoy, es la que les dio todo lo que tienen, comida, indumentaria, estudio, hasta las salidas de los fin de semana, cuando fue dirigida por su fundador.

Dado que la tecnología fue cambiando, ya no es la misma empresa de décadas atrás, todo ha tenido un giro, hasta el comportamiento, el sentimiento, la forma de ver las cosas del ser humano, por este motivo tendrán que decidir que o como hacer, para que el cambio favorezca a todos.

CAPITULO V

TEMA 1
COMIENZO DE LA TERAPIA

Hasta aquí les he dejado herramientas para que vayan actuando en el sector técnico de la empresa

También les aporte el conocimiento de conciencia y resiliencia, ahora vamos a ver como utilizar estos aspectos en forma de terapia individual/grupal

Este NO es un libro mágico, ni tampoco les daré una pócima o receta mágica. Solo seré el coaching (vehículo) que los hará despertar y tomar conciencia de las cosas que cada uno tiene que modificar para lograr el objetivo deseado, no solo en la empresa sino también en sus vidas privadas, en su cotidianeidad fuera de la empresa. Porque cuando uno se rige por mandatos familiares negativos afecta al entorno en todos los aspectos, SI, vamos a aprovechar los mandatos positivos que son los que ayudaran a equilibrar la balanza. Cada uno en forma individual, Uds. saben y posiblemente lo estén viviendo, que ante una cierta circunstancia empresarial/familiar los integrantes han tomado el evento en forma diferente, vamos a ver como cada uno de Uds. si es que esta dispuesto, llegara a lograr el equilibrio personal/grupal

METAS

Los objetivos **SMART** (inteligente en inglés), es un recurso nemotécnico para recordar las 5 características principales que debe cumplir UNA META

S PECIFIE   (ESPECIFICA)
M EASURABLE   (MEDIBLE)
A CHIEVABLE   (ALCANZABLE)
R EALISTIC   (REALISTA)
T IMELY   (OPORTUNA)(EN TIEMPO)

Aunque es simple de interpretar el significado, cabe la descripción para que la interpretación sea la que corresponde al significado atribuido

ESPECIFICA

Este objetivo debe expresar claramente qué es exactamente lo que se quiere conseguir.

Cuanto más específico sea un objetivo más fácil será de comprender para tu equipo y más sencillo será encontrar las estrategias que permitan alcanzarlo.

No es lo mismo un objetivo genérico seria

 "**que nuestra empresa triunfe**"

Uno específico seria

"**que nuestra empresa facture 200.000 dólares en el último trimestre del año con el lanzamiento de un nuevo producto**".

Para definir correctamente objetivos específicos es necesario hacerse algunas preguntas.

¿Qué queremos conseguir?
¿Cómo lo queremos conseguirlo?
¿Qué necesitamos para conseguirlo?

MEDIBLE

Los objetivos son medibles cuando puedes establecer variables que determinen su éxito, fracaso o incluso la evolución de los mismos a lo largo del tiempo.

Un problema muy habitual en las empresas es precisamente establecer objetivos no medibles como

*Mejorar la motivación en la empresa
*Lanzar un producto que guste a la gente

¿Cómo vas a determinar si has cumplido estos objetivos si no has establecido unas variables que se puedan medir?

Los objetivos que mencione serian medibles:

*Mejorar la motivación en la empresa en un 25% más que el mes anterior.

*Lanzar un producto que mejore en un 20% la percepción que tienen nuestros usuarios según las encuestas de satisfacción realizadas el mes anterior

Formular objetivos medibles es de vital importancia; pero tienen que hacerle un seguimiento para verificar su estado

ALCANZABLE

Esto significa que a la hora de establecerlos deberemos tener en cuenta el esfuerzo, el tiempo y otros costes derivados para determinar si son viables, es decir, si los vamos a poder conseguir. Si creamos objetivos extremadamente complicados con el único objetivo de presionar a nuestro equipo, solo conseguiremos el efecto contrario: nadie se los tomará en serio y quién lo haga se desmotivará al no alcanzarlos.

Esto no significa que los objetivos tengan que ser fáciles de conseguir. Lo ideal es encontrar el equilibrio en la dificultad para que supongan un reto, pero un reto viable.

REALISTA

Es importante que los objetivos sean medibles, alcanzables y que estén delimitados en el tiempo, pero sobre todas las cosas es importante que sean realistas.

Si estableces objetivos irreales podes estar guiando a tu empresa en la dirección incorrecta, por este motivo, es necesario dedicar el tiempo suficiente a descubrir cuáles son realmente nuestras necesidades.

Vamos a poner un ejemplo:

Una fábrica con un producto determinado decide tener presencia online con un blog para captar tráfico y establece el siguiente objetivo

*Conseguir 30.000 visitantes al blog mensuales en menos de 3 meses y que el 70% compre el producto por medio del blog

El objetivo no está bien planteado, esta tienda podría dedicar todos sus esfuerzos de marketing a conseguir miles de visitantes y encontrarse con que luego ninguno compra sus productos. Podríamos replantear este objetivo para hacerlo realista o añadir otro, por ejemplo:

*Conseguir un volumen de ventas de 10.000 dólares al mes de los visitantes que vienen del blog en menos de 3 meses.

OPORTUNA – EN TIEMPO

Finalmente, aunque ya lo hemos ido comentando a lo largo del artículo, es necesario que los objetivos tengan una fecha delimitada.

Si marcamos un objetivo pero no le damos contexto temporal, ese objetivo dejará de tener sentido.

No es lo mismo conseguir 100.000 dólares en ventas en 1 mes que en 1 año. Para que nuestro equipo pueda contextualizar los objetivos, siempre tendremos que acompañarlos del plazo deseado para su cumplimiento.

Les dejo una web que es gratis y pueden hacer seguimientos de objetivos SMART automatizados
https://tribescale.com/es/

DIAGNOSTICO

El diagnostico abarca todas las áreas de la empresa en forma detallada, situación actual, aspectos favorables y desfavorables, liderazgo, compromiso de los hijos, procesos de delegación, nuevos proyectos, costos y rentabilidad. Todo esto hará más clara la mejora en la competitividad y surgimiento

Para poder alcanzar objetivos hay que saber el rubro base, que es lo que hace bien la empresa o para que fue diseñada y que se le puede adicionar para ampliar la gama en el mercado

Modificar vieja estructuras implementadas

Dentro del programa, se deberán cumplir objetivos estratégicos que servirán de base para la realización de nuevos planes

*1 Validación de la Misión, Visión y Valores de la empresa
*2 Modelos de reuniones y fijación de objetivos
*3 Elaboración de perfiles de cada posición
*4 Lineamientos del Protocolo Empresarial
*5 Análisis de los costos y cálculo de rentabilidad
*6 Definición de los procedimientos críticos
*7 Generación de indicadores, clave para el desarrollo del negocio
*8 Lineamientos del plan comercial
*9 Listado de bienes correspondientes a la empresa, para hacer una declaración, en caso que algún integrante decida retirarse como socio

*10 Stock de materiales, de producción o lo que sea parte del rubro
* Apalancamiento con programas y/o profesionales en asistencia técnica que desarrollen por ejemplo un FODA
*Verificación del orden básico: membretes, logotipo, sistema de Redacción, envíos de mail, atención al cliente, en este tema seguramente ya tienen todo organizado, pero no está demás ver las actualizaciones
Para poder realizar este detalle, el grupo tiene que estar funcionando al unísono, o sea que cada uno haga el aporte necesario sin problemáticas de por medio
A partir de aquí y para no ser reiterativa en los conceptos, tomen como base lo que he escrito en los temas anteriores y empiecen a ponerlo en práctica, si ven que no pueden unificar esfuerzos y es imposible realizarlo, la mejor opción es recurrir a una consultoría externa que tenga visión neutra de la problemática en su totalidad

TEMA 2
PORQUE SE NECESITA APOYO EXTERNO?

Depende el caso y la presencia de liderazgo, si esta fortalecida
Cuando una empresa familiar, queda en manos de los herederos, cada uno de ellos se siente con el mismo derecho de realizar acciones, de emitir opiniones, aunque quien haya quedado a cargo tenga más experiencia, también por derecho hereditario pueden opinar o exigir desde afuera, sin pertenecer al grupo de trabajo, todo esto hace que se originen discusiones, peleas hasta el grado de separación entre hermanos
Para que esto no suceda, tienen que recurrir a la ayuda externa de una consultora integral que diagnostique y trate todos los puntos neurálgicos incluyendo el personal y grupal, para hacer este trabajo todos tienen que tener la confianza, que quienes los están orientando no son rivales, no tienen otros intereses dentro de la empresa
Decidir seguir actuando por sí mismos, bajo la misma estructura desequilibrada, acarrea problemáticas mayores en el futuro, no solo económicas sino también física, psíquica y sentimental, nunca se aflojaran las tensiones y entraran en un círculo vicioso donde el reclamo estará a la orden del día.
Por eso hago hincapié en tratar a cada individuo y llevarlo a que tenga un cambio personal, para que la intercomunicación entre socios mejore

No sirve de nada contratar el mejor estudio de marketing o la mejor consultoría técnica, si después no hay acuerdo interno para realizar los trabajos u organizar la producción para el avance de la empresa

También sucede que lo que uno propone no les resulta valido al resto y después de discutir, no llegan a nada

Cuando no se puede hacer una crítica constructiva porque por celos o complejo de inferioridad, hace que se mal interprete

Existen millones de circunstancias provocadas por los actos fuera de control, que llevan a consecuencias las que seguramente nunca habían pensado que ocurriera

Lamentablemente un ser humano aprende de estas nefastas consecuencias y toma control cuando ya no existe la posibilidad de salvar por lo que tanto se ha luchado.

La idea no es seguir luchando porque no es una guerra, aunque a veces se transforma el sitio en un lugar de batalla, si la empresa, la profesión, las horas de trabajo, no les están dando la posibilidad de cumplir tus sueños, cada uno tiene que replantearse bajo qué condiciones seguir

Pensar que mi padre formo este imperio y es nuestro deber sostenerlo, este tipo de pensamiento es tan nocivo que les puede arrebatar la calidad de vida, que es lo que pretendemos tener, y yendo más lejos la separación familiar

Muchas veces bajo terapia llevamos al individuo a replantearse estos temas, pero cada empresa, cada individuo es diferente y puede surgir cualquier camino nuevo en medio de una terapia

A continuación les voy a ofrecer la terapia que hoy practico y que me hubiese servido a mí y a mis hermanos para poner en claro todo en nuestra empresa y mejorar nuestras vidas privadas también

Si la situación entre socios no ha llegado a un punto neurálgico, pueden emplear lo que a continuación les dejo, para ponerlo en practica

TEMA 3
DESARROLLO TERAPEUTICO

En el caso que sea imposible ponerse de acuerdo porque la diferencia es muy grande entre los socios herederos, como he mencionado en el tema anterior, quienes asistan la consulta tendrán que ver en detalle cada Debilidad, para equilibrarla

Siempre es uno de los integrantes el que sale buscar ayuda exterior, solo uno de los integrantes es el que ha comprado este libro para ver si se puede hacer algo, eso no quiere decir que el resto no lo lea o ponga en movimiento un cambio

Posiblemente el resto de los socios no ha tomado conciencia de la dimensión de la problemática existente.

Esa persona será quien responda las preguntas iniciales

En nuestro caso, quien asistía a las charlas, los cursos, buscaba soluciones era yo, como parte de una empresa que se nos caía

Comienzo a relatarles como hago las terapias en este caso

A partir de recibir la consulta de uno de los integrantes de la empresa a tratar, después de hacerle una entrevista para tomar el primer contacto, desarrollo un plan inicial de acción, para ponerlo en práctica en mi visita a la empresa.

Al estar en el lugar de trabajo, primero tomo contacto con todos los integrantes y veo el desarrollo de la misma, para formar una visión más acabada de la situación interna/externa

Mi vista será a todos los sectores, oficinas, producción y hasta en las obras si fuese empresa de servicios

Aquí es donde ya tengo los parámetros generales de un todo

Si el desequilibrio mayor está en el comportamiento, acciones y formas de ser de los integrantes, es el primer tema que tratare en forma individual y en grupo

Se analizara a cada integrante (socio heredero) características y mandatos

La terapia individual se inducirá al individuo a tomar conciencia de sus mandatos y lo que provocan en su vida en general

Si el individuo acepta y necesita una ayuda terapéutica más intensa se realizara una terapia individual más intensiva, con la toma de gotas bajo el sistema del doctor Bach, siempre y cuando el consultante acepte realizarla

ACLARACION: Esto no pretende ser una terapia médica, en ningún momento se indicara la suspensión de un tratamiento bajo medicación médica indicada, esto es un complemento, que ayudara al cambio de actitud y toma de conciencia

*Se analizara la pyme en general, empleados, estrategias de puestos de trabajo, estrategias de venta, activos-pasivos, como levantarla en el mercado, que se le puede adicionar, competencia, desarrollo

No entiendan con esto que se realizara un estudio contable, porque para eso tienen un contador, solamente tomaremos información para transformar la situación vigente

*Se estudiara también al personal, porque el bienestar de ellos tiene mucho que ver con el desarrollo empresarial, dado que la producción es fundamental a la hora de comercializar. Hay que ver si cada uno está en la función que le corresponde desarrollar de acuerdo a su capacidad y sentir

ACLARACION Los empleados son los que mueven la pyme, la mano de obra es fundamental para proveer al cliente con el mejor producto que fabrican, o el mejor servicio que brindan, entonces si pensamos que el equilibrio debe partir del sector fundamental que es la gerencia, también tenemos que ver que los empleados estén conformes no solo con su sueldo sino también con el trabajo adecuado. De nada sirve tener un empleado haciendo cosas que no le gusta porque tarde o temprano ese sector fallara y desequilibrara el engranaje

Lograr la unión del grupo, e implantar el orden en cada sector para que los costos de la pyme se reduzcan

*Ver como se presentan en internet, es clave tener una presencia en la redes sociales, si tienen web que tipo de web y que hosting están usando, que estilo de Marketing usan.

Muchas pymes no avanzan en el tiempo porque han quedado con viejas estructuras mentales y operativas, no solo del personal jerárquico sino también de empleados de años trabajando en la misma, esto se da muy a menudo que cuesta romper con esas pautas adquiridas y asimiladas en el tiempo. Hoy todo cambia, el mundo está en un permanente movimiento, lo que fue es pasado, debemos abocarnos al presente porque es lo único valedero, lo que hacemos hoy es el escalón subido para mañana

Ver las tendencias del mercado, hoy tenemos todo al alcance de la mano para investigar, capacitarse, y elaborar nuevas estrategias

La capacitación permanente es muy importante, asistir a las reuniones, exposiciones, ruedas de negocio, promociones de otras empresas también, porque de allí no solo descubren nuevos productos sino que también se encuentran las posibilidades de nuevos negocios

ACLARACION   no estoy diciendo que tienen que invertir más, sino modificar lo que tienen para que funcionen mejor

*Mientras tanto cada integrante va haciendo la terapia individual, la que lo llevara a tomar decisiones, que expondrá en reunión gerencial
A esta altura se preguntaran y ¿cuánto tiempo nos llevara todo este movimiento para el cambio?
Todo depende de cada integrante y del grupo completo
Para este trabajo no hay un tiempo determinado, pero no se preocupen porque mientras estemos haciendo las terapias técnicas y personales, la empresa empieza a tomar rumbo.
Posiblemente por la situación económica que estén atravesando tengan una cierta premura, cambiar lleva tiempo y ese tiempo lo manejan Uds. Aunque no estén en condiciones todavía de emerger, siempre hay algo que hacer para ir cubriendo esas necesidades como paliativo.

*Los estaré apoyando en todo ese movimiento, muchas veces dentro de la empresa otras desde internet
*Tendrán un seguimiento durante el proceso y posterior a él
Todo está en vuestras manos y los asistiré para darles las herramientas necesarias y soltarlos que caminen solos con la claridad individual y grupal para llegar hasta donde decidan llegar individual y empresarialmente

Tendrán el aporte en cada área de un profesional especializado si fuese necesario, esa decisión se tomara a medida que avanza la terapia
A esta altura se preguntaran si les saldrá una fortuna este estudio, No piensen en eso, véanlo como una inversión que harán para Uds. en forma personal y global en la empresa y así obtener los réditos que han soñado y mucho mas
Voy a tratarles los miedos para que no sean los artífices de un derrumbe innecesario.
No tomaremos en cuenta factores externos que puedan derrumbar expectativas, como eso que si el país está bien o

mal, si los dirigentes, si los bancos, todo eso paraliza y les opaca la energía para conseguir la libertad financiera e individual

Mientras estemos en vuestra pyme sentirán El **Efecto Hawthorne,** del cual ya hablamos, es normal que así sea, porque están equilibrándose y esto les servirá de apalancamiento, para no sentir miedos innecesarios durante este cambio por este motivo haremos un buen trabajo para que desaparezca cuando empiecen a funcionar sin mi apoyo

Todos los cambios y salir de la zona de confort (entiéndase como un lugar estático) son duros, porque hay que desaprender viejas costumbres, para incorporar otras que provocaran movimientos muy diferentes a los que están acostumbrados
*Van a sanar las relaciones interpersonales
*Analizaremos los estados de conciencia de cada socio, para ajustarlo al sector que tiene a cargo
*Mientras se realizan todos los estudios, se vislumbrara si es necesario incorporar la persona que será mediadora entre socios, ese "gerente mediador" que ya hablamos
*Se hará la búsqueda se ese profesional, si tienen sector de RRHH lo harán desde allí, sino yo pondré una profesional psicopedagoga especialista en recursos humanos, para que haga la elección y entregue al grupo las alternativas para que la decisión final de contratación la realicen Uds.

TEMA 4

Voy a desarrollar en que se diferencia preguntarse
"PORQUE" Y "PARA QUE"

A simple vista parecen dos preguntas similares, pero sin embargo disparan procesos mentales muy diferentes

El tan repetido **"PORQUE",** lleva tu mente hacia atrás, al pasado a la historia, a encontrar las causas o antecedentes de algo, a encontrar justificaciones, es fácil de responder, basta con mirar atrás y encontrar las causas de justificación, normalmente carece de emoción

Ejemplo

¿Por qué vas a trabajar? Porque tenes que producir dinero para comer. Porque tenes gastos que cubrir. Incluso puedes decir que lo haces porque te gusta

El **"PARA QUÉ",** genera un proceso de pensamiento totalmente diferente. Uno que apunta a futuro. Uno que en vez de buscar encontrar justificaciones, despierta la creación de significados, te pone en un espacio creativo que espera por un propósito, una razón de ser.

Ejemplo

¿Para qué vas a trabajar? Para aprender, dar lo mejor de vos, contribuir con otros, llenar de significado tu vida, lograr tus metas, vivir lo que te apasiona.

Los PARA QUE, es como decir para que me pasa esto, que tengo que aprender de esta situación ya no son válidos los PORQUES
Ningún método hará que alguien incremente sus sentimientos por alguna persona o por la empresa misma, eso es algo que se siente o no, pero si se puede ayudar a tomar conciencia, que seguramente no está en el lugar adecuado para su bienestar y el del resto del grupo

El crecimiento individual no siempre se origina o culmina dentro de la empresa, el punto es que quien no lo sienta así, sepa que hay algo fuera que es lo que a su SER lo hará sentir en equilibrio, pero tiene que tener claro que quiere hacer con su vida, por cual camino tomar para lograrlo

Todas las circunstancias que pasamos en nuestra vida es para que aprendamos y crezcamos como seres humanos, bajo las mismas circunstancias no todos reciben la misma enseñanza, muchos la dejan pasar sin tomar conciencia que hubo algo que cambiar, pero en ese caso se volverá a repetir bajo otra forma para que la veamos y la incorporemos

He querido hacer todas estas reflexiones porque la mayor problemática en las empresas familiares está en el AMOR, en todas sus facetas, hasta en lo opuesto que es la indiferencia sentimental
La falta de unión y confianza entre los integrantes
El trabajo o labor empresarial, se debe realizar con pasión desde el SER, por eso hablo de sentimiento

Espero que todo este material les de la luz que necesitan para seguir recorriendo el camino, pero ahora con las metas claras y mirando hacia la dirección que los lleve hasta donde quieran llegar

Para cerrar les dejo mi historia empresarial/profesional porque seguro en algún punto encuentren una similitud y la polaricen en positivo

TEMA 5
QUE PASA CUANDO HAY DESEQUILIBRIOS MAYORES

Hablemos de desequilibrios neuro-psiquicos y formas de ser egocéntricas en los integrantes

Hay personas que dentro de su forma de actuar se puede ver que no están bien y lo expresan con los actos.

A veces hay que ser muy duro para descubrir la realidad, pero si es parte de la familia las cosas las vemos con un solo ojo, porque verla en directo se presenta una problemática mayor la cual no estamos en condiciones de resolver dentro del núcleo familiar/empresarial

Este es otro de los temas que resolvería un mediador externo

Veamos diferentes casos

*Puede haber también problemáticas como Bipolares de grado leve/medio, son los que cuando más se los necesitan están en el pico bajo y no aparecen y cuando suben el ánimo son un torbellino que remueve todo

*Están los depresivos que no ven las oportunidades que les pasa por delante y todo lo que se les consulta es un NO SE

Los casos son muy particulares y estamos hablando de desequilibrios leves, cuando existen desequilibrios mayores y esa persona pertenece al grupo, la decisión de tratamiento no la puede tomar ni la familia, ni la misma persona, en ese caso un psiquiatra de mi grupo tendría injerencia con la autorización familiar

Pongo este ejemplo porque me ha tocado conocer casos que se presentan como lo describí y son situaciones muy difíciles de resolver para el clan

TIPOS DE PERSONALIDADES INFLEXIBLES

*Los que no escuchan y hacen lo que les parece porque ellos hacen todo bien y no aceptan ningún cambio

*Los que son rebeldes y hacen todo a su criterio sin escuchar

*Los inestables que comienzan con energía un trabajo y no logran terminarlo, dejando a mitad de camino un producto

*Los que actúan con los celos y envidia a flor de piel y toman a mal cualquier crítica constructiva.

*Están quienes hablan mucho pero hacen poco

*Los que son negativos y primero ven los problemas ante que las soluciones.

*Los que se la saben todas, ellos son los que tienen razón siempre

*Los que están en la empresa porque sin ese sueldo no podrían vivir y opinan y critican, más que hacer
*Los que son autodidactas y nunca asisten a una capacitación porque ellos ya lo saben todo y es perfecto
*Los que creen que ellos hacen todo y menos precian la labor del resto
*Están quienes se quedan en sus casas y esperan el pago por lo que les corresponde por herencia
*Los que piden lo que les corresponde sin importar ni saber si el grupo está en condiciones de pagarlo

Todas las formas de ser de personas que pertenecen al grupo, les aplican una carga adicional, a quienes están tratando de levantar o llevar adelante conscientemente la empresa.
Cada uno tiene sus defectos y virtudes, todos tenemos lo positivo y lo negativo, la problemática se presenta cuando esto afecta la comunicación
Ya les explique que el otro es mi espejo, aparte de tener seguramente sus razones para ese comportamiento, yo soy su espejo también, usen esto para saber que cambiar
Estamos hablando de las facetas negativas de individuos
Siempre hay cosas positivas que hacen que todo funcione y esas son las que hay que fortalecer para reemplazar y asi lograr el equilibrio.
Todos los seres humanos queremos crecer, tener más para no sufrir necesidades, ser mejores en todo, ser abundantes y millonarios. Si todos en el grupo quieren lo mismo, lo desean con fuerza, es un punto positivo para que la terapia dé sus frutos antes de lo pensado
Busquen los PARA QUE y encontraran las respuestas

CAPITULO VI

MI HISTORIA PERSONAL/EMPRESARIAL

No sé en qué condiciones están quienes me están leyendo en este momento, quiero dejarle mi historia personal/profesional/empresarial y mi sentir mientras sucedían los acontecimientos en nuestra empresa familiar

Después de 35 años de trabajo en la pyme de mi familia, donde la cabeza era MI PADRE, su fundador y todo marchaba bajo su influencia, era un hombre muy capaz, inteligente y excelente ser humano y su mundo era su empresa, la cual llevaba su nombre y apellido. Somos 3 hermanos los cuales cada uno por mandato familiar estábamos allí. Digo mandato porque seguramente de haber existido en esa época todas las alternativas que hoy tiene la juventud, para estudiar la carrera que sientan, tal vez la historia hubiese sido diferente.-

Con su forma de pensar mi Padre nunca hizo una sociedad con quienes estábamos dentro de la empresa, a pesar que se lo pedí para que no hubiese problemas algún día, o sea que siguió siendo unipersonal

En el año 1999, yo estaba con uno de los equipos de soldadura realizando la extensión de 2 gasoductos, para una GNC a 150km de donde teníamos la sede, mi hermano quedo a cargo de las obras en la ciudad (Tandil), en ese momento yo había ofrecido mis servicios profesionales para realizar trabajos de inspección de obras a las distribuidoras de gas natural del centro sur de Argentina, era algo que sentía y pensaba pero no había tenido la oportunidad de tomar acción hasta ese momento, lo cual fue lo mejor que m estaba pasando, termino esa obra y firmo contrato para comenzar un nuevo camino e incrementar mi desarrollo profesional y personal.

Me fui de la empresa porque sentía que lo mío era estar afuera viajando conociendo gente, viviendo nuevas experiencias, siendo que en la empresa quien salía y viajaba por las obras era yo, eso no me alcanzaba para sentirlo desde mi ser

Corría el año 2004, yo me encontraba realizando una inspección, de una planta reguladora de presión, subterránea como servicio profesional externo a la Distribuidora de Gas Natural del Sur de Argentina (Camuzzi Gas del Sur), en Rio Gallegos (ciudad Sur de Argentina)

La empresa de mi padre estaba trabajando, con redes de gas en el centro de la Provincia de Buenos Aires (Argentina) a 2500km de distancia de donde yo me encontraba.

Un día me llama mi padre y me dice... Aquí se liberaron los proyectos y las licitaciones y necesito el manejo del sector técnico, quien mejor que vos para hacerlo, sino tengo que contratar un ingeniero que se haga cargo. Pensalo si decidís venir tenes que abocarte específicamente a la empresa y no tendrás tiempo de salir a realizar inspecciones.

Solo me tomo esa tarde decidir y no lo hice porque era mejor, o porque tendría mayores beneficio económicos, sino porque MI VIEJO como yo le decía a mi padre, ME NECESITABA, priorice venir a acompañarlo en su gestión empresarial, antes de pensar que mi entrada de dinero y desarrollo profesional sería mucho menor desde mi puesto en la empresa familiar.

Transcurrido 2 años de mi regreso, mi padre enferma de cáncer de colon, había que hacerle una operación que según dijeron le salvaría la vida. Antes de realizarse la operación me hace un poder general para el manejo administrativo de la empresa, el manejo técnico ya lo tenía como profesional, empecé a tomar más responsabilidades, en el sector administrativo también, cosa que no era mi fuerte, pero allí estaba yo con una mochila nueva, aparte de llevarlo acompañarlo a él y a mi madre, cirugía que se hizo a 170km. de nuestra residencia (Tandil), yo me repartía entre hospitales, médicos y manejo total de la empresa, claro está que en esas ausencias teníamos el personal administrativo que realizaba las tareas, mi hermano que se encargó de la parte de obras y mi hermana dentro de la empresa con un sector aparte que se trataba de ventas de materiales.

Sale bien de la operación, un año de quimio, el seguía al frente de la empresa, retomando él sus funciones yo me libero de la responsabilidad otorgada y me dedico al sector técnico que era lo que me gustaba hacer.

Un año después, veíamos que tenía actitudes raras, cambio de personalidad leve, un día su secretaria me dice, mira que le pasa a tu papa porque me dice cosas sin sentido, es mas no sabe en qué día vive. Empecé a hacer caso a todos sus movimientos y después una tomografía que detallaba una metástasis en el cerebro o sea cáncer cerebral. Dentro de sus momentos de lucidez logramos hacer algunos papeles para que quedara organizado algo, se operó pero siguieron los tumores 3 meses después fallece, el siguió ocupando su oficina hasta un día antes de su muerte, claro está que por detrás de sus órdenes estaba yo organizando sin que él se diera cuenta, porque ese lugar era su vida, hasta la muerte

La empresa era unipersonal, o sea que tendríamos que ver cómo seguir, porque una empresa de servicios tiene inscripciones, matrículas y posicionamiento en el mercado, por consiguiente quede como administradora general y coadministradora mi madre.

Entonces volví a hacerme cargo de todo, porque todos vivíamos de la empresa y estaba mi madre también, ella lo acompañaba pero nunca supo el manejo de la empresa, su orientación siempre fue más artística

Las diferencias de formas de ser entre hermanos, aunque llevemos los mismos genes, empezó de a poco a salir afuera, celos, reclamos, pensamientos opuestos, formas de manejarse diferentes

Mi Hermana 2 años menor que yo, quien tenía otra orientación, pero seguía a papa y estaba allí, queriendo hacer lo que su leve bipolaridad no le dejaba organizar ni llevar adelante como debería haber sido, el sector que queda a su cargo

Mi hermano 14 años menor que yo, una persona autodidacta y muy inteligente, pero muy egocéntrico y como todo hijo de la vejez y hermano menor obtuvo todo lo que quiso de papa, cosas que nunca fueron cuestionadas

Yo la hermana mayor, quien se encargaba de todo, con mis defectos y virtudes, estaba allí para reemplazar a papa, el pilar central que había desparecido.

Si hay algo en que nos parecemos es en el carácter fuerte que tenemos los 3, aunque yo no sepa decir NO o poner limites

Llego un momento que hablábamos y no nos entendíamos, a medida que pasaba el tiempo yo sentía cada vez más carga en mis espaldas y no encontraba la solución, hasta fue afectándome la salud. Aquella persona que ejercía su profesión con libertad le habían cortado las alas y no encontraba la salida En ese tiempo mi moto me dio el respiro necesario para seguir, salía a moto-encuentros, viajaba con amigos, hacia movimientos solidarios todo en moto, eso me salvo de caer aún más, dado que no había equilibrio en la empresa por la falta de comunicación nuestra, se iba derrumbando de a poco todo

Al regreso esos viajes, venía con energía para ver un poco más allá y encontrar algunas soluciones yo creía que podía volver a levantarla pero solo por un tiempo, todo eran paliativos y todo seguía en descenso.

También una serie de acontecimientos técnicos internos, que no vienen al caso detallar, gente que quería vernos caer, aunque debo decir que contamos con excelentes personas y profesionales, seres humanos que nos acompañaron en el camino, que nos ayudaron en nuestros peores momentos

Demás esta explicarles que en el entretiempo, nuestras discusiones y falta de unión se iba incrementando

Busqué consultoría externa, la que mis hermanos estuvieron de acuerdo, porque nos estábamos endeudando y no había salida

El trabajo realizado fue por medio de un FODA, el cual como es lógico, surge el pago de deudas con la venta de algo, pero no me daban solución al problema base que era la interacción nuestra y el desarrollo general de la empresa.

Después de esto mi hermana decide irse, le pagábamos una mensualidad, hasta que le dimos un predio a cambio de su parte en la empresa, quedando mi hermano y yo solos, disolvimos el sector de venta de materiales y seguimos con la empresa, adicionamos un sector más que era fábrica de aberturas de aluminio, solo estábamos trabajando para cubrir nuestras necesidades y deudas adquiridas, aunque no todas estaban saldadas seguíamos trabajando

Cerramos la empresa de gas, indemnizamos los empleados

Hasta que decidimos separarnos también nosotros, dado que el rubro de aberturas a él no le gustaba, yo le deje el sector de quemadores industriales y movimiento de suelos y yo me quede con la fábrica de aberturas de aluminio.

Disolver esa Empresa para tomar cada uno su camino, es habernos dado cuenta que nunca nos hubiésemos elegido para ser socios bajo ninguna circunstancia, solo éramos Hermanos, (herederos forzados) de una empresa proyecto de nuestro padre, donde por mandato familiar, estuvimos, lo acompañamos y no quedo una sabiduría que hoy la podemos plasmar en nuestros movimientos y desarrollo profesional y personal.

Las cosas en la vida de un ser humano pasan para algo, nadie aprende desde la comodidad de tenerlo todo servido, cuando hay carencia de algún factor es donde se nos prende esa luz y es la supervivencia que nos hace mover, allí es donde quedan las enseñanza, depende de cada uno si tomarla o no

Les sigo contando como llegue hasta aquí, escribiendo este libro y haciendo consultoría/terapéutica para individuos y empresas

Al quedar con la fábrica, me quedo también los sueldos del personal y los gastos fijos, para solventar con un solo producto

Trabaje un tiempo hasta que la persona encargada de la producción se fue porque quería su propio emprendimiento, claro que empezó a fabricar por su cuenta, está bien que cada uno quiera avanzar en la vida, pero la ausencia de alguien fundamental en la producción, fue un desequilibrio más, pero yo seguí adelante, hubo un receso en el movimiento productivo con el cambio de Presidente de la Nación, estas circunstancias son las que ayudaron para que todo siguiera en picada.

Llego un momento que no podía contratar gente porque mi parte económica estaba a foja cero

Y seguí, me puse yo en la producción, descuidando las ventas porque quien estaba en la administración, por más que le ponía garras no era vendedora

Me gustaba el diseño y armado, pero me tenía 12hs encerrada en un lugar y no sabía qué y cómo hacer, como seguir, mi ser empezó a dormirse, o sea que no tenía sensación de nada

Llego un momento que estaba dentro de la fábrica, en la administración y supervisando las ventas

Todo me decía DESPETA, mi ser, mi pensar y mis actos estaban tan desequilibrados que quería morir, literalmente

La estocada final y ahora le agradezco que así fuera, me la dio la secretaria de mi padre, que se transformó en nuestra secretaria, encargada de toda la administración y cuando mi hermano se fue, no quiso problemas y me dejo todos esos gastos fijos a mí, se fue liviano de cargas, las que seguí cargando yo, cosa que acepte porque yo podía, indemnizar a la secretaria con 32 años de servicio nos era imposible, así que empecé a ver como reducía tiempo de trabajo ya que ella ya tenía su propio proyecto, le venía bien ese tiempo adicional y a mí también porque no podía pagarle, hasta que un día no vino más a trabajar, me dijeron Ly mándale carta documento y yo dije NO porque más que mi secretaria era una amiga de años, crecimos juntas en la empresa, parece que ella no pensa ni sentía lo mismo, porque a la semana recibo una carta documento de parte de su abogado, considerándose despedida y reclamando su indemnización. Después de muchas idas y vueltas mi madre puso su vehículo a disposición para la venta, era una Audi último modelo que ella había comprado con su dinero, pero no alcanzaba faltaba más para cubrir lo que solicitaba, así que mi hermano llego a un acuerdo entregando otras cosas a cambio de dinero, lo cual ella acepto.

Nunca puse en tela de juicio lo que le correspondía, nosotros estábamos fundidos pero teníamos con que responder, aunque perdiéramos todo, lo que no pude ni podre aceptar, fue la forma de hacerlo con una presión innecesaria, la que adicionaba aún más carga negativa, a la situación que estaba pasando, aparte por ser la administradora de la sucesión todo caía sobre mí, claro que lo compartí con la familia porque todos teníamos que responder

Con esto que me aconteció a nosotros, quiero que vean que los sentimiento nunca deben ser parte cuando está el factor económico de por medio.

Allí fue cuando tómo la decisión de cerrar todo, alquilar la fábrica y dedicarme a seguir mi SER

Toda mi vida me gusto investigar sobre el SER, el ser humano que hay más allá de lo físico, así que he tomado cursos de metafísica, control mental, artes marciales y todo eso me ayudó mucho

Hacia un tiempo que ya había incursionado en bioneuroemocion, en talleres y cursos on-line, hasta que encontré como complemento en el Instituto Argentino del Sistema Dr Bach, las nivelaciones para ser terapeuta

Para este momento yo sentía que la mochila se había alivianado y tenía más despejada mi mente, aunque había perdido todo para cumplir trabajos y pagar deudas, hasta mi moto, una Honda Deauville 700cc

Así que hoy habiéndome sacado la pesada mochila del pasado, manteniendo con mis hermanos ya una relación familiar, aunque quedaron muchas heridas y decepciones, ya no es la misma familia que éramos, empecé a pensar más en mí.

Empecé a tratar mis miedos, mis mandatos, los para que, emplee en mi la misma terapia Flores de Bach y psiconeurodecodificacion, es la que estoy utilizando para mis consultante, dado que puedo dar fe que si queres cambiar tu vida podes

Hoy me dedico a tratar consultantes en forma individual, hago cursos para formar terapeutas y como esta experiencia empresarial me dejo una enseñanza, me aboque a ver desde adentro las necesidades que están teniendo empresarios que no encuentran la salida, que están en mayor o menor escala como lo estuve yo algunas vez.

Me quede sin todo ese imperio, empecé de nuevo pero con la base de lo aprendido, hoy estoy en paz conmigo misma y con el mundo, desapareció mi mochila pesada. Mi SER me dice todos los días que esto es lo que vine a hacer a este mundo. Aprendí a desaprender e innovar e incorporar cosas nuevas cada día

Les dejo algo que uno de mis mentores en marketing on-line aconseja siempre

La fórmula 30-30-30

Por 30 días seguidos, durante un mínimo de 30 minutos, leer o escuchar libros o ver videos que abran nuestro intelecto o nos lleven a ver historias de gente prospera, al cabo del mes tendrás 30 nuevas experiencias que te lanzaran hasta donde quieras llegar.

Esta fórmula te abre horizontes internos, te vuelve más sabio en el tema que tu SER TE LLEVE y te da las energías necesarias para saber que TODO SE PUEDE

Ojala te sirvan todas las paginas, los consejos de este libro
Quedo a tu disposición y estoy aquí para ayudarte

Te dejo aquí abajo mi tarjeta de presentación

Consultoria Terapeutica Empresas bajo mandatos familiares nocivos

TERAPIAS UNIFICADAS YAN-YANG
terapias@lyagostini.com
www.lyagostini.com

Agradecimiento

Agradezco a la vida y sus circunstancias, que me ha dado la visión de usar mi experiencia negativa (enseñanza de vida) del pasado para transformarla en la solución positiva del presente de muchas personas que tienen sus Empresas Familiares, Pymes y hoy buscan un apoyo para su evolución GRACIAS

A mi madre que siempre me apoyo en mis sueños y hoy más que nunca. A mi padre, hoy no está entre nosotros, por haberme dejado la sabiduría empresarial y consejos de vida GRACIAS

También a quienes considero mis mentores, que han aportado (on line) sus conocimientos, gracias a ellos/ellas he podido incrementar los míos, ampliando horizontes en mi investigación y darles forma para volcarlos en estas páginas, aunque muchos de ellos no lo saben GRACIAS

Quien es Liliana (Ly) Agostini

En forma de presentación les dejo un resumen de mi carrera académica

Mi nombre es María Liliana (Ly) Agostini, Nací el 26/02/1961, en la ciudad de Tandil, Provincia de Buenos Aires, Argentina, soy Maestro Mayor de Obras, este título terciario me llevo a obtener Matricula de primera categoría en Las Distribuidoras de Gas Natural.

He realizado especializaciones en

*Inspección de Soldadura
*Capacitación en combustión, quemadores industriales
*Procesos de polietileno extruido y electro fusión en obras de gas en media presión
*Carrera Universitaria en Licenciatura en gestión ambiental, no concluida
*Perito en granos
*Instructora en formación profesional
*Inspección obras redes, gasoductos y plantas reguladoras
*Terapeuta y formación de terapeutas, con el Sistema del
Dr. Bach, y psiconeurodecodificacion
*Consultora/terapéutica para empresas/pymes bajo mandatos familiares, formación de empresas de infraestructura (gas-agua-cloacas), cursos y capacitaciones

He actuado en la empresa familiar, dentro de todos los sectores, conociendo cada rincón de nuestra Pyme

Hoy me dedico a ayudar a las personas como terapeuta, dictando cursos, capacitaciones. Consultoría-Terapéutica a pymes y profesionales bajo mandatos familiares en su sanación, para la reorganización no solo de su empresa sino también la personal

QUE QUICE EXPRESAR CON LA TAPA DE ESTE LIBRO?

La tapa del libro especifica que cada uno de los socios tiene una pieza que debe encastrar en el lugar exacto para lograr formar el gran puzle que es una empresa familiar

LES DEJO UN REGALO

Si compraron este libro es porque están pasando por una situación que tienen que solucionar familiar y empresarialmente

Como agradecimiento por confiar en mí, les quiero regalar la primer consulta, con el diagnostico que les corresponde

Escríbanme a terapias@lyagostini.com y concertamos una cita por Skype

Face Ly Agostini

Fans page   @consultoria.terapeutica

Si Uds. salen adelante, es un premio de la vida para mi también

Gracias

Gracias

Gracias

¡¡¡Les deseo los mejores éxitos!!!

BE -   THINK   -   DO
SER - PENSAR - HACER

PROXIMAS PUBLICACIONES

REPRESENTANTE TECNICO
Desenvolvimiento de un RP en obras de Gas Natural

EMPRESA REDES DE INFRESTUCTURA
Armado de empresa Gas Natural – Agua y Cloacas

INSPECTOR DE OBRAS
Desenvolvimiento de un Inspector en obras de infraestructura

ENCUENTRO SOBRE RUEDAS
Recopilación de programas ESR on-line

www.ingramcontent.com/pod-product-compliance
Lightning Source LLC
Chambersburg PA
CBHW070200230526
45471CB00002B/748